〈中東〉の考え方

酒井啓子

講談社現代新書
2053

プロローグ

なぜ中東情勢はわかりにくいのか？

中東情勢は、よくわからない。

何がわからないといって、まず日本から遠い。場所がわからない。地名も難しいし、人の名前も似たような名前で混乱してしまう。

紛争もしょっちゅう起きている。国際的なテロの犯人が「中東」出身だ、ということで取り沙汰されたりする。

一方で、石油を輸入に依存している日本には、大事な相手だ。エジプトのピラミッドやシリア、ヨルダンのローマ遺跡、古代ペルシアのペルセポリスなど、行ってみたい世界遺産もたくさんある。そういえば、文明の発祥地だ。

「中東」についての一般的な印象といえば、こんな感じだろう。

これまで、中東で事件が起きるたびに、この地域の国々についてたくさんの情報が、テレビや新聞などを通してお茶の間に流れてきた。石油価格が上がって、生活を切り詰めなければならなくなったとき。アメリカで9・11事件が起きて、日本もいつ何時「テロ」の脅威にさらされるかも、という危機感が高まったとき。9・11事件を発端として、アフガニスタン、イラクと立て続けに戦争が起きたとき。そして、戦後まもないイラクに自衛隊が派遣されたとき。

そのつど、多くのメディア報道がなされ、多くの本が出版され、多くのコメンテーターが解説し続けた。だが、自衛隊も戻り、アメリカでオバマ政権が成立すると、9・11事件もイラク戦争も、すっかり過去の出来事のようだ。危機意識が遠ざかったから、関心が薄れる。報道されることも減り、断片的な情報しか入らないから、中東情勢はますます「よくわからない」。

なぜ「中東」とくくるのか?

そもそも、なぜ「中東」とくくって議論しなければならないのか? それぞれに違う国を「中東」としてくくるから複雑になるのであって、エジプトとかサウディアラビアとか、それぞれの国のことを知れば、それでいいんじゃないのか?

イギリス育ちの国王を擁するヨルダンと、反米を叫ぶ宗教色の強いイランは、全然違うように見えるし、イスラエルとの紛争で瓦礫《がれき》のなかで生活するパレスチナと、高層ビル立ち並ぶ湾岸の産油国では、置かれている環境がまったく違う。その違いを捨象してひとくくりにするのは、無理があるのではないか、という意見もあるだろう。

けれども、それぞれの国を見ていくと、その根底に、この「中東」という地域が抱える共通の問題、共通のものの見かたがあることがわかる。

さまざまな事件や運動が、国を越えて、連動する。ある出来事が、一見すると突拍子もないところに波及する、その越境性も、中東が「わかりにくい」点のひとつである。

それでは、なぜ、事件や運動が国境を越えて連鎖するのだろうか。

それは、この地域の国々が、国際政治や国際経済、歴史の大きな流れのなかで、同じ課題に直面し、似たような経験をしてきたからだ。さらにいえば、国際政治の歴史そのものが、「中東」という地域を作ったからである。「中東」が国際政治のなかで生みだされたこと自体が、その地域が国際政治の矛盾を反映していることを示している。

「中東」は欧米が導入した言葉

「中東」という言葉、地域概念自体、欧米によって導入されたものだ。

だから、そこに住む人たちにとっては、実体意識の薄い概念である。「中東」がどこか、という定義からして、実ははっきりしない。もともとペルシア湾岸地域の代名詞として名づけられて以来、その対象は地中海沿岸にも広がり、最近ではアフガニスタンも「中東」のなかに分類されたりする（日本の外務省では、「中東第二課」がアフガニスタンを、ペルシア湾岸の産油国と一緒に担当している）。

9・11事件以降、アメリカのブッシュ政権は、パキスタンやソマリアまで含めた「拡大中東」という地域概念を持ち出した。どうもそれは、「欧米にとって危険な地域」的な意味合いだったようだ。

そんな、他人が名づけた「中東」なんて地域概念は、使わないほうがいいんじゃないか、という声は、もっともな意見だ。中東出身の人たちは、「中東」と呼ばれることを、あまり快く思わない。

じゃあ、「中東」にかわってこの国境を越えた連動を説明する、適切な「地域概念」は、何だろう。

「民族でまとめて議論する」というのが、ひとつの案だ。

たとえば、「アラブ諸国」はアラブという同じ民族で成り立っているのだから、まとまりがあるだろう。それに、アラブ諸国は第一次大戦後に人工的に作られた国がほとんどだ。人工的にできた国への帰属意識よりも、「アラブ」という民族意識のほうが強いのではないか？　だが、アラブ民族とその他の民族の間できっぱりとした差異があるかといえば、そうでもない。アラブ民族の多いイラクという国と、アラブ民族ではない隣国のイランは、政治的にも社会的にも、いろいろと連動することが多い。

では、「イスラームという宗教が同じだ」ということでくくってみたらどうだろう。確かにイスラーム教徒の生きる「イスラーム地域」は、さまざまに共通する部分が多い。イランとイラクが似てくるのも、同じ「イスラーム地域だから」で、説明がつく。だが、フィリピン南部のイスラーム教徒と、トルコの欧化路線を進むイスラーム教徒を一緒に議論することに、なかなかリアリティは感じられない。

他者から名づけられた「中東」という名前で自分たちの地域をくくるのはやめよう、と考えたとして、ではどのようなまとまりのなかに、自分たちの暮らす国は位置づけられるのだろうか、と、人々は模索し続ける。その模索自体が、この地域の複雑さと流動性を生み出している。

「神様」や文化の違い？

「中東」をまとめて議論しよう、というと、ああなるほど、中東といえばイスラーム教の影響が根強いからね、と、読者のみなさんは、思われるかもしれない。

確かに、宗教や文化は、中東諸国の政治を動かす大きな要素だ。

そして、この点が、日本人にとって、「中東はわかりにくい」と感じる原因のひとつではないだろうか。イスラーム教や部族など、日本人にとって「わかりにくい」中東独自の文化や宗教、社会の伝統があって、それが「わからない」からこそ中東で起きていることが理解できないのだ、と考えがちである。

でも、本当にそうだろうか？

よく見ると、中東の事件の多くは、宗教や文化とはさほど関係のないところで起きている。普通の独裁だったり、普通の権力とカネをめぐる争いだったり、実はどこにでもある要素が、中東でも紛争原因になっている。だがそれを、宗教や独特の文化や慣習など、日本とは全く違う社会であるせいでコトが複雑になっているのだ、と考えてしまうと、中東での出来事は結局、「他人事《ひとごと》」になってしまう。

中東の紛争は、「神様」のせいで起きているかのようにみなされがちだ。だがそうした見方は、簡単に思考停止につながる。紛争が「神様」によって起こるならば、「神様」の違う私たちには、その原因も解決方法もわからなくて当たり前。だから、中東での戦争は人間の努力によっては解決できないのだ——と、最初から努力を放棄してしまうことにならないだろうか？

最近のアメリカ映画には、イラク戦争を題材にした作品が増えている。二〇一〇年のアカデミー賞を総なめにしたキャサリン・ビグロー監督の「ハート・ロッカー」や、ブライアン・デ・パルマ監督の二〇〇七年の作品「リダクテッド」などは、戦後のイラクに駐留する米軍兵士の内面を描いて話題を呼んだ。

しかし、それらの映画のなかで、イラク人の生活や彼らが何を考えているのかは、びっくりするほど出てこない。

あくまでも主人公は、「違う宗教と違う文化、考え方を持った、理解不能な人々」に囲まれて、途方にくれる米兵である。イラクという場所、そこに住む人々は、ただの背景でしかない。最初から、同じ立場の、理解しあうことのできる相手としては、扱われていない。

著者がモヤモヤするのは、このようなところである。最初から後景に追いやってしまって、「わかる」もへったくれもないじゃないか、と思う。これこそ、わかろうとする努力の放棄の最たるものではないか？　文化が違うから、信仰が違うからと言う以前にまず、戦争と占領に振り回された人々の立場に目をつむっては、わかるものもわからない。

イラクで起きていることは、イラクの人たちを主人公に描かない限り、理解できないのではないだろうか。中東が「わかりにくい」と思われてしまう原因は、中東で生きる人々を主人公にして考えないことにある。

世界のど真ん中で

では、中東に生きる人々を主人公において、中東の政治を見ようと試みるには、どうしたらいいのだろうか。

中東がいかに世界のど真ん中で政治に振り回されてきたか、世界で起きているさまざまなことととつながり連動してきたか――。本書が目指すのは、そこに焦点を当てることである。中東を、欧米の政治のただの「材料」としては見ない。「材料」として振りまわされてきた中東を主人公にすることを試みたい。

そのことで、世界を動かしてきた近代史の大きなうねりも、異なる姿をもって浮かび上がってくるだろう。

カイロの雑踏のなかに立ち、地中海の向こうに世界が憧れ続けてきたヨーロッパを想像し、背後には広大なアフリカ大陸の息吹を感じる。東を向けば延々とアジア大陸が開け、海と陸を越えて極東の日本まで道は続く。

ギリシアのアレキサンダー大王がペルシアに向けて駆け抜け、地中海をはさんでクレオパトラがローマ帝国の皇帝たちを魅了する。アンダルシアでイスラーム文化とキリスト教文化が融合し、オスマン帝国はウィーンに迫ってヨーロッパにコーヒー文化を伝えた。フランス革命戦争の最中、ナポレオンはエジプトに進軍して大英帝国と覇を競う。インドとの交易を求めて、ポルトガル、オランダ、フランス、イギリスが競ってペルシア湾岸に商館を作り、イギリスの蒸気船がチグリス川を航行する。オリエント急行はパリからイスタンブルへと走り、エジプト、パレスチナ、イラクは第一次世界大戦の最前線となった。

中東は、最初から国際政治のダイナミズムのど真ん中に作られ、そのダイナミズムのなかでどう生き延び、逆にそれをどう利用していくか、という試練にさらされてきた地域である。ヨーロッパのアジア進出の過程で、植民地主義国の関心を集めた中東。石油の発見で外国企業が殺到した中東。ヨーロッパで迫害を受けたユダヤ人たちが、最後のよりどころとして居場所を見つけた中東。冷戦の前線として、ソ連とアメリカが覇を競った中東。世界が西へ東へ動くときに、全部ここを通過していった——。その歴史が全部、中東に、詰まっている。

つまるところ、中東現代史は、もうひとつの国際政治史なのだ。大国がさまざまな「大きな政治」を展開していくなかで、中東で起きたことは常にそのツケであった。国際政治の矛盾を反映してきた中東の現代政治史は、国際政治史を裏から見るようなものである。

本書では、そのダイナミズムを浮き彫りにしていきたい。

本書の目的と構成

本書の目的は、こうだ。

まず、「中東」という地域が抱えている問題はいったい何なのか、明らかにすること。そして、その原因を近現代の国際政治のなかに位置づけることである。さらには、国際政治に振り回されるだけではない、中東の指導者たちの巧みな処世術を解明していく。その一方で、中東の人々はどのような社会を作ろうと模索しているのか、世界という大きな船のなかで揺り動かされながら、中東の市井《しせい》の人々が感じ、目指すものを、考察する。

そのために、ここに用意した「魔法の絨毯《じゅうたん》」は、みなさんを、二〇〇〇年という時間と、北アフリカからイランまで、東西に広がった空間を駆けめぐる旅にいざなう。

第1章では、まず一八世紀以降の大英帝国の植民地主義政策が、ペルシア湾岸諸国、アラビア半島諸国に与えた影響を見る。ほんの小さな砂漠の部族が、なぜ産油国として大きな富と国際経済上の重要な役まわりを得ることになったのか。

第2章では、中東問題の根源にあるといってよい、パレスチナ問題を読み解いていく。イスラエルの建国と占領によってパレスチナ人たちが被《こうむ》った災厄は、中東およびイスラーム教徒たちにとって、癒えない傷となって残っている。いろいろな薬を試しても、治らない。治らないから、傷があること自体を忘れようとしても、時折かさぶたが剥《は》がれて、激しい痛みが襲ってくる。

続いて第3章は、9・11事件やイラク戦争をもたらしたアメリカの場当たり的な中東政策、その背景にあった冷戦時代を振り返る。アフガニスタンでのオサーマ・ビン・ラーディンの活動にしても、イランの激しい反米政策にしても、冷戦時代にアメリカが中東に対し行った諸政策が、現在の中東の混乱の遠因にあるといっていいからである。

そして第4章では、イスラーム主義の台頭とイランに触れる。民族主義政権が達成できなかったものをイスラームに求めたイスラーム主義は、今、イランで曲がり角に来ているのだろうか。

最後に光をあてるのは、急速にグローバル化する世界のなかで、インターネットや衛星放送を通じて、自分たちの新しいアイデンティティーを模索する中東の若者たちの姿である。そこでは、既存の領土や国籍を超えた、ヴァーチャルなコミュニティが、新たに出現しているのだ。

広大な中東の土地で、過去数世紀の間に繰り広げられた世界の動乱を俯瞰《ふかん》する、駆け足の旅の一助に（乱気流に巻き込まれないように！）本書がなれば、幸いである。

目次

プロローグ　3

なぜ中東情勢はわかりにくいのか？／なぜ「中東」とくくるのか？／中東は欧米が導入した言葉／「神様」や文化の違い？／世界のど真ん中で／本書の目的と構成

関連地図　20

第1章　石油の海に浮かぶ国々　25

オイル・マネーが生んだ摩天楼／最初の中東体験／世界の動乱の鏡

1　大英帝国の遺産「湾岸首長国」　31

「中東」はいつできたか／大英帝国、部族長と手を結ぶ／砲艦外交

2　サウディアラビアの登場　39

イスラームの盟主／宗教家と部族の雄のタッグ／半島のヒーローと英外交官たち／アメリカとの蜜月／アラブ民族主義の政権が続々と／イギリスの退場と左派の台頭

／石油がサウディアラビアを救った／石油が国を強くする

3 石油の国々 58
外国人で成立する湾岸産油国／なぜ格差が政治の不安定につながらないのか？／軍事力を持たない国の生き道／クウェートのパレスチナ人／小説「太陽の男たち」のラストシーン／「石油の国々」の現在

第2章 パレスチナ問題とは何か 73
故国の味／アラブ民族意識とは何か／パレスチナは共通の問題

1 中東の人々のアイデンティティーを考える 78
そもそもアラブ人とは？／「アラブ民族はひとつ」という思想／「人工的な国分け」への反発とアラブ民族主義／イスラエルの建国／シオニズム思想／イスラーム地域出身のユダヤ教徒「ミズラヒーム」／イスラエルに暮らすアラブ人「イスラエル・アラブ人」／国民とはなにか／移住と衝突

2 パレスチナ問題をふりかえる 95
「ゲリラ」から「テロ」へ／イスラエルの外交戦略「一国ずつの和平協定」／アラファートPLO議長の登場／占領地のパレスチナ人たち／アメリカはなぜパレスチナ

問題に関わったか？／オスロ合意／細切れになっていく自治地域／分離壁で切り離されて
3 アメリカはパレスチナ問題にどのように関わってきたか —— 116
アメリカの政権とイスラエルのロジック／脅威は外からひっくりかえす／アメリカの対中東政策／『イスラエル・ロビーとアメリカの外交政策』／オバマの中東政策
第3章 冷戦という時代があった —— 127
1 アメリカとソ連の時代 —— 128
世界が「東」と「西」に分かれていた時代／二大ボスが世界を回す／なぜ今冷戦時代について考えるのか？／超大国を操作する技術／「二大ボス間の戦い」の時代から「仮想敵との戦い」の時代へ
2 北辺防衛のための国々——トルコ、イラン —— 138
ソ連の南下をどこで防ぐか／トルコはアジアかヨーロッパか？／冷戦時代のイラン／湾岸の憲兵／ソ連の戦略「民族主義政権を取り込め」／アメリカの関心を引くための「ソ連カード」
3 アフガニスタン侵攻 —— 149

なぜソ連はアフガニスタンに軍事介入したのか？／サウディアラビアとパキスタンをパートナーに／オサーマ・ビン・ラーディンの軌跡／「アフリカの角」ソマリア

4 アメリカの一極集中時代へ —— 160

アメリカはなぜ直接の軍事関与を避けてきたのか？／「地平線のかなた」作戦／湾岸戦争が「超大国操作術」の転機に／イラク戦争／冷戦時代は中東をどう変えたのか？

第4章 イランとイスラーム主義——イスラームを掲げる人々 —— 171

イランの反政府運動／イスラーム主義とは

1 イランで実現した「イスラーム共和制」 —— 174

「よくわからない国」というイメージ／ホメイニーはどんな指導者だったのか？／イラン革命とアメリカ／なぜアメリカは「大悪魔」と呼ばれるようになったのか？

2 「革命」政権の変質 —— 184

ホメイニー亡き後／ハータミーの微笑み外交／アフマディネジャードとはどんな人物か？／「救世主《マフディー》」と交信できる大統領

3 「民主化が進むとイスラーム主義が強まる」のはなぜか？ —— 194

イスラーム主義はなぜ台頭しているのか／ヒズブッラーとハマース／民衆が支持するのはなぜか？／ムスリム同胞団

4　「弾圧されて過激化する」　202

アルジェリア総選挙で開いた風穴／米国同時多発テロへの流れ／アフガニスタンとアルカーイダ／イスラーム主義の多様性

終章　メディアとアイデンティティー　209

パレスチナのラッパー／庶民の声はどこにいった／アラビア語衛星放送「アルジャジーラ」の影響力／イランのインターネット普及率は四八パーセント／ネット空間／ヴァーチャルなイスラームの連帯／ネットでのイメージと民衆感情にはギャップも／イスラーム銀行とスカーフ／なぜスカーフをかぶるのか

読書リスト ―― 229
おわりに ―― 233
関連年表 ―― 245(i)

カザフスタン
カスピ海
ウズベキスタン
キルギス
グルジア
アルメニア
アゼルバイジャン
トルクメニスタン
タジキスタン
トルコ
シリア
イラク
テヘラン
カブール
アフガニスタン
ペシャワール
ベイルート
バグダード
アンマン
ヨルダン
イラン
バスラ
クウェート
パキスタン
ペルシア湾
バハレーン
リヤード
ドバイ
カラチ
メディーナ
カタール
アブダビ
マスカット
アラブ首長国連邦
サウディアラビア
紅海
メッカ
インド
アラビア半島
ムンバイ
オマーン
イエメン
アラビア海
エリトリア
サヌア
アデン
ジブチ
エチオピア
ソマリア
ケニア
モガディシュ
首都
主要都市

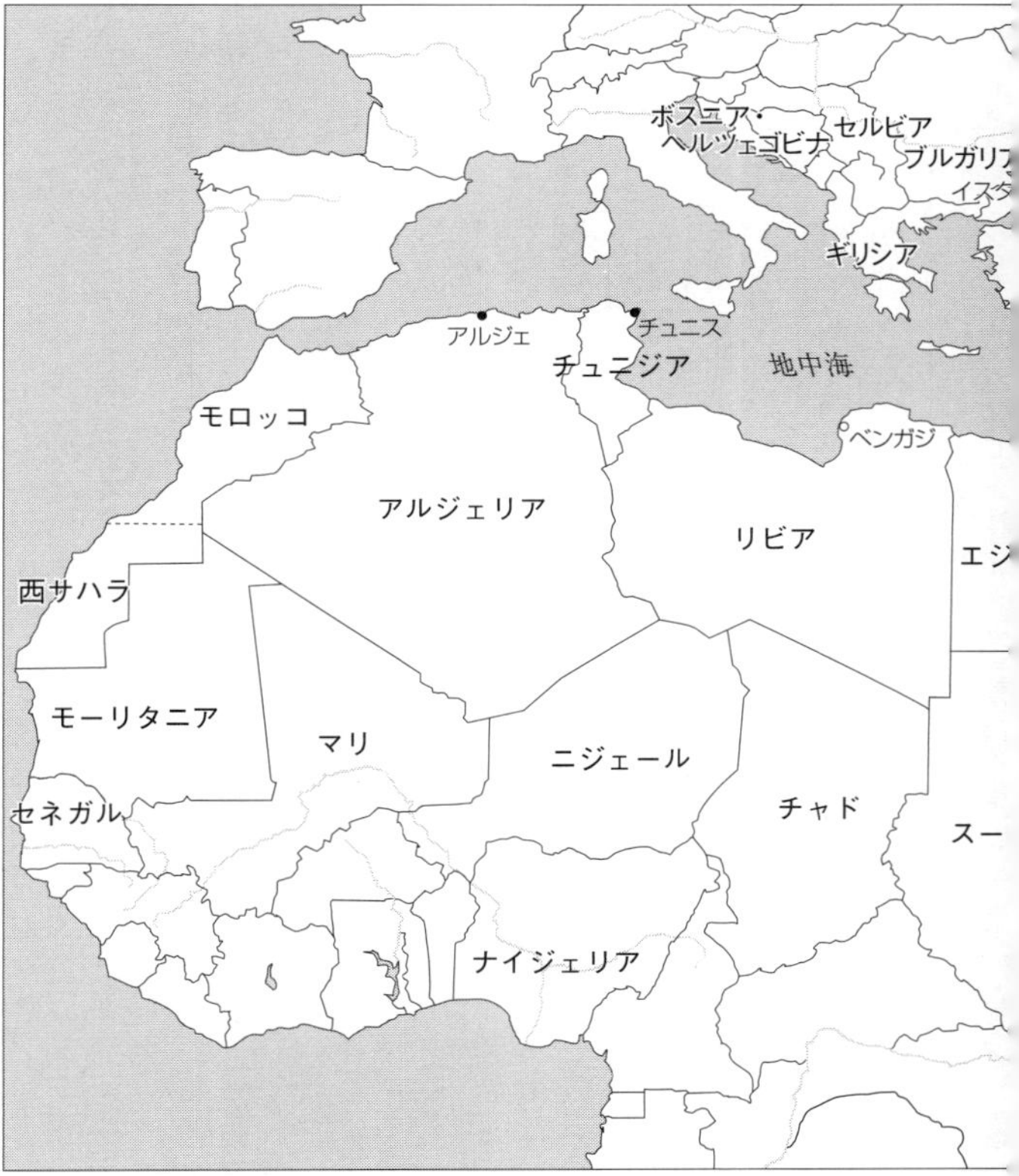
ボスニア・
ヘルツェゴビナ
セルビア
ブルガリア
ギリシア
アルジェ
チュニス
チュニジア
地中海
モロッコ
ベンガジ
アルジェリア
リビア
西サハラ
モーリタニア
マリ
ニジェール
チャド
セネガル
ナイジェリア

中東の国々と周辺国

アラビア半島の国々と周辺国

トルコ
キプロス
シリア
レバノン
ベイルート
ダマスカス
地中海
イラク
エルサレム
テルアヴィヴ
ヨルダン川
アンマン
ガザ
イスラエル
ヨルダン
カイロ
シナイ半島
サウディアラビア
ナイル川
エジプト
首都
主要都市

シナイ半島周辺国

第１章　石油の海に浮かぶ国々

ドバイで建設中の高層ビルと外国人労働者（2006年）

オイル・マネーが生んだ摩天楼

フルフラット・シートのビジネス・クラス、ハリウッドからインド映画まで二〇〇近くの映画、最新のＪ－ＰＯＰからアラブ演歌まで揃えた音楽チャンネル――。贅沢《ぜいたく》な機内サービスと、世界各国語で対応できる機内アナウンスを売りにしたドバイの航空会社、エミレーツ航空がアラビア半島に近づいてくると、眼下には鉛筆を立てたような高層ビル街が現れてくる。

青と緑が入り混じった、鮮やかな色の浅瀬の海。ヤシの木の形をした人工の島が三つ現れると、その脇には、世界地図をかたどった島「ワールド」。石庭ならぬペルシア湾の海の青の上に広がるのは、世界中の贅を箱庭に押し込めたような、ドバイの港だ。

海面からほぼ水平に続く陸の上には、光輝く摩天楼《まてんろう》が競うように密集している。五〇階以上あるエミレーツ〝ツイン〟タワー、帆船をかたどったブルジュ・アラブ（アラブの塔）を従えるかのように、高さ八〇〇メートルを超えて二〇一〇年四月現在世界一のブルジュ・ドバイ（ドバイの塔）が空高くそそり立つ。世界最大級のショッピングモール、雪など降ることもないアラビア半島で、東京ドームの半分の面積を持つ人工スキー場――。

これが、二〇一〇年初めのドバイである。中東の石油産出国、オイル・マネーに潤う湾岸諸国といえば、長らくこうしたイメージで語られてきた。だが二〇〇九年末、世界経済に激震を走らせた「ドバイ・ショック」は、そのイメージに影を落としている。

ドバイ・ショックとは、不落と思われていたドバイ政府系企業の「ドバイ・ワールド」が、二〇〇九年一一月に五九〇億ドルにも上る債務の返済延期を申し出て、ドバイの信用が一気に低下、世界中で株価が下落した事件である。ドル、ユーロ安が円高をもたらし、日本経済を直撃した。

当然、震源地ドバイにも影響が出ている。世界のセレブがご購入済みとの触れ込みの高級マンションも、空室が目立ち、値段は急落した。ドバイ・ショックから一ヵ月後に完成したブルジュ・ドバイも、「ドバイ」の名が消え、「ショック」の救済に乗り出したアラブ首長国連邦大統領、ハリーファ・アブダビ首長の名を冠した「ブルジュ・ハリーファ」に変えられた。

だが、バブル崩壊の不安が漂いながらも、街は相変わらず華やかな景観を見せている。ドバイ・ショックから二日後に始まったイスラーム暦の祝日、「犠牲祭」では、一流ホテルやイベント会場で、ピーターパンをはじめとするディズニー・キャラクターが氷上を踊りまわる大イベントが繰り広げられた。ブルジュ・ドバイの落成式では、ビルが焼け落ちるのではないかと思うほど、派手に花火が連発された。

イラクやイランで繰り広げられてきた「戦争」の映像に慣れている筆者にとっては、そのほんのペルシア湾の対岸に、空爆ではなく夜空を明るく染めあげる火の粉があること自体が、富と紛争が並存する中東の、シュールな現実である。

虚像と実態の乖離《かいり》――このギャップは何だろう。現代のバベルの塔か、はたまた砂上の楼閣《ろうかく》か。

最初の中東体験

小さな漁村だったドバイが現在のような繁栄を遂げたのは、さほど昔のことではない。一九九〇年代初めに撮影された写真を見ると、ただ一面の砂漠の真ん中に、一本の広い舗装道路が続いている。手前に四棟の高層ビルが、その先に三つ、四つのビルがぽつぽつと建つ以外は、赤茶けた土がむき出しになったままだ。道から少しはなれて、ぱらぱらと住宅街が広がる。華やかな摩天楼がこの地に現れたのは、ようやく二一世紀に入ってからにすぎない。

筆者が初めて中東に足を踏み入れたのは、一九八三年のことで、トランジットでドバイ空港に降りた。最終目的地はヨルダンのアンマンだったのだが、予定の飛行機が途中で台風にあい、次の便に乗り継げず、ドバイでアンマン行きのフライトを探しながら、空港泊することになったのだ。

今では世界最大級の免税店を誇るドバイ国際空港も、当時はただ広いだけで、何もなかった。外は砂嵐、視界全体を黄土色《おうど》の砂が覆う。空港フロアーには出稼ぎ労働者が格安のフライトを待って幾晩も泊り込み、その脇を同じ出稼ぎ移民がモップで掃除している。筆者の最初の中東体験は、毛布に包《くる》まっているパキスタン人労働者の横で、一緒に床で寝ながら、いつ飛ぶかわからないアンマン行きの飛行機を一晩中待つ、というものだった。

非石油部門での開発に進路を見出していたドバイが、二〇〇〇年代に急速に都市開発を進めることができたのは、9・11事件の「副産物」である。四機の飛行機がアラブ人イスラーム教徒の犯人にハイジャックされ、ニューヨークの世界貿易センタービルとワシントンの国防総省に突っ込み、ツインタワーを崩壊させて三〇〇〇人近い死者を出した、二〇〇一年九月一一日の、世界的な悲劇。この事件と、その後の米政権による「イスラーム世界」に対する攻撃で、欧米とアラブ、イスラーム諸国の関係はギクシャクした。欧米からの締め出し、衝突のリスクを考えて、アラブ諸国のオイル・マネーは欧米諸国に対する投資を手控えることになる。そのカネが、ドバイにつぎ込まれた。

世界の動乱の鏡

ドバイの繁栄と挫折は、世界の政治と経済を露骨なまでに反映している。否、「中東」と呼ばれる地域全体が、世界の動乱を映し出す鏡なのである。

9・11事件は、ドバイ経済だけではなく、現在の中東、あるいはイスラーム社会と国際社会の関係を決定的に変えた転換点となった。さらに二〇〇七—〇八年の石油価格高騰であふれかえったオイル・マネーは、中東の湾岸産油国全体に、バブル景気をもたらした。その一方で、二〇〇八年の「リーマン・ショック」に始まる世界的経済危機はドバイを直撃し、それが翌年の「ドバイ・ショック」につながった。中東のバブルの行方は、はるか日本の経済をも左右している。

なぜ世界は、いつも中東情勢に振り回されるのか？　パレスチナ問題や、イラク、アフガニスタンなど、中東発信のさまざまな紛争が、なぜ国際政治を震撼《しんかん》させるような事件に発展するのか？　世界経済の鍵である石油の大半が眠っている中東の産油国で、なぜ紛争が多いのか？

だがそもそも、「中東」が原因で世界は不安定なのだろうか？　それとも逆に、世界の不安要素が中東に集中するように、国際政治ができているのだろうか？

振り返れば、中東、特にペルシア湾岸の産油国は、過去五〇〇年の世界の歴史の大きなうねりのなかで生まれた地域である。ヨーロッパの植民地主義や冷戦、石油経済や情報のグローバル化など、国際政治の波がこの地域に押し寄せるたびに、国際政治の矛盾が、澱《おり》のように「中東」に吹き寄せられる。その矛盾が沈殿し蓄積され、発酵して再び国際政治に跳ね返っていく。その「中東」地域は、そもそも近現代においてどのような経緯を経て成立してきたのだろうか。

本章では、中東、特にペルシア湾岸の砂漠に点在する小さな集落が、ヨーロッパとアジアの歴史の渦のなかで、どのように世界経済の行方を決する大産油国に発展していったのか、概観してみよう。

1　大英帝国の遺産「湾岸首長国」

「中東」はいつできたか

日本人にとって「中東」が地理的に「東」ではないのに「東」と呼ばれているのは、大英帝国がそのアジア進出の過程でこの地域をMiddle Eastと呼んだ、その直訳だということはよく知られている。この単語が出てくるのは、一九〇二年にアメリカの戦略理論家マハンが、大英帝国の戦略拠点としてのペルシア湾岸地域を指して使ったのが最初だ。同時期の著名な英ジャーナリストのチロルは、これにアフガニスタンからチベットまでを加えている。一方「近東（Near East）」は、だいたいオスマン帝国の領域に一致して使われた。

ヨーロッパの世界戦略の過程で、とりあえず「中東」「近東」と名づけられた、その「東」とは、必ずしも方位学上の東ではない。むしろ「オリエント」、つまりヨーロッパではないが、ヨーロッパに隣接する「異国」という意味合いである。

さて、ここで問題。

「中東や近東、極東(Far East)は世界にあるが、ではインドやパキスタンは歴史的に『何東』なのか?」

学生にそう質問すると、少し世界史の知識に頭を廻らせて、こう答える。「インドは大英帝国に支配されていた」。「じゃあ、パキスタンは?」また少し考えて学生が言う。「パキスタンとインドが分かれたのは、大英帝国から独立したときだから、インドと一緒」。

そう、現在の南アジアのインド、パキスタン、バングラデシュはいずれも、第二次世界大戦が終わるまで英領だった。そして「大英帝国」の一部となったインドは、ヨーロッパにとって、「異国」ではなかったのだ。そのヨーロッパとインドの間、「東」と名づけられた地域は、これからヨーロッパが飲み込んでいく開拓地《フロンティア》というほどの意味だったのだろう。

ヨーロッパにとって「中東」は、ヨーロッパ本土と植民地インドをつなぐ途中経路だった。だが、二〇世紀初頭まで、地中海の対岸にはオスマン帝国、ペルシア湾北岸にはペル

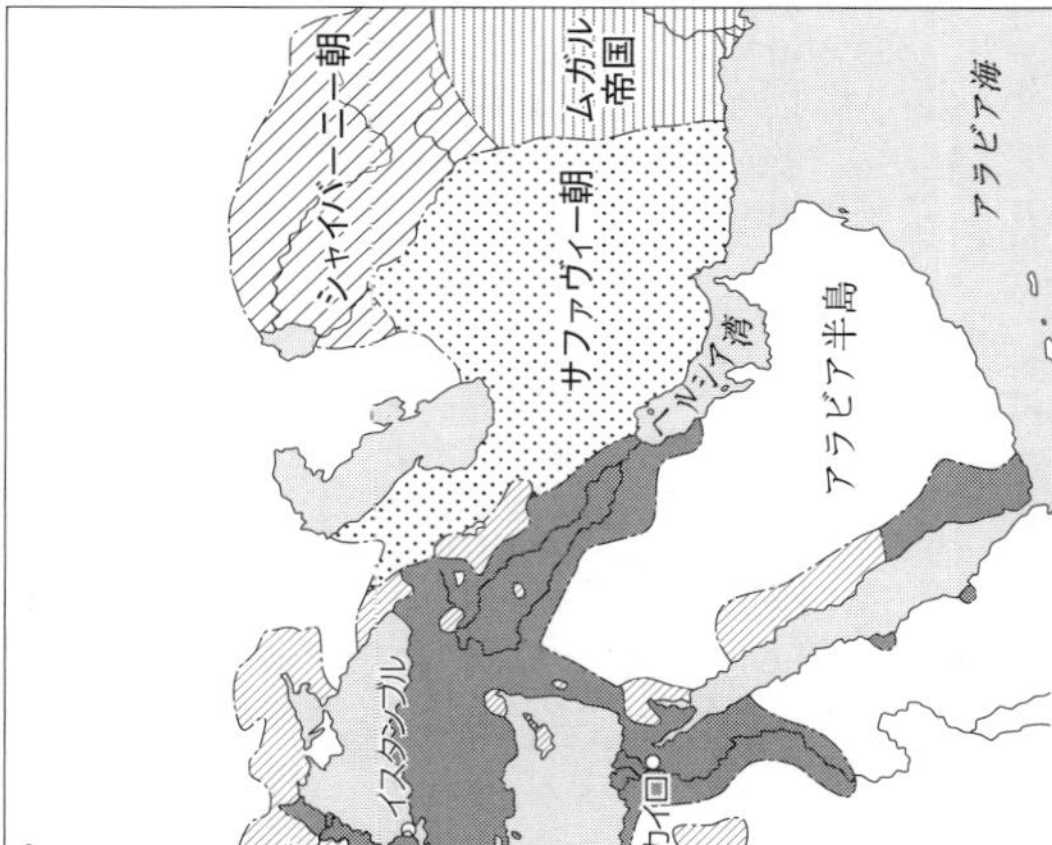

出典：『イスラーム研究ハンドブック』468ページをもとに作成

16世紀のオスマン帝国（スレイマンⅠ世時代の最大領域）

シア帝国という大帝国が、覇を誇っていた。なかでもイスタンブルを帝都とするオスマン帝国は、一六世紀には南東ヨーロッパからアラビア半島まで厳然たる支配を確立し、ウィーンまで陥落させかけてヨーロッパ奥深くを脅かす、国際政治の一大アクターだったのである。

オスマン帝国華やかなりし時代、ヨーロッパの植民地勢力は、その領域をやすやすと通って覇を拡大するわけにはいかなかった。大英帝国が有名な「3C政策」で、カイロ、ケープタウン、カルカッタと海洋経由で大回りしてインドへのルートを確保したのは、オスマン帝国の領域を回避しなければならなかったからに他ならない。

ヨーロッパから大西洋、インド洋を経由してインドに到達するには、途中の寄港地を確保しなければならない。早くは一五世紀末のバスコ・ダ・ガマのケープタウン発見以来、インドとの交易を狙うヨーロッパ諸国はいずれも、ペルシア湾の港湾に目をつけた。まずはポルトガルがペルシアに進出、後を追うようにイギリス、オランダが、東インド会社の拠点拡大を求めて、ペルシア湾での覇を競った。一七世紀にはペルシア湾は「オランダの海」と呼ばれ、一九世紀には「イギリスの湖」と化した。

大英帝国、部族長と手を結ぶ

大英帝国が対インド支配を磐石《ばんじゃく》にするために目をつけたのが、アラビア半島とインドの間の海洋安全保障である。

インドはムンバイの港に立つと、荒れた海を見ながら、ああこの海の向こうにはすぐアラビア半島があるのだと、海洋ルートの近さを実感する。マハンが「インド支配には『中東』が重要」と主張したのも、肯《うなず》ける。

そのアラビア半島は、一八世紀なかばに、現在のサウディアラビアの原型となるワッハーブ王国が勃興《ぼっこう》するまで、部族抗争と偶像崇拝が蔓延《まんえん》する世界となっていた。

イスラーム教の聖地たるメッカ、メディーナがある以外は政治的にも経済的にも見るべきものはなく、一六世紀始めにオスマン帝国が一部を支配下に入れたものの、帝国領域の辺境地としてほとんどかまわれることがなかった。ペルシア湾岸には、真珠取りと沿岸漁業、インドやペルシア向けの帆船交易に従事する、小さな漁村が点在する程度だった。まだ「石油」など、その姿すら見えない時代のことである。

こうしたなかで大英帝国が行ったのは、アラビア半島中央部から海岸部に移住した諸部族の抗争を利用して、一部の部族長と手を結ぶことだった。

たとえば今のアラブ首長国連邦のアブダビ、ドバイ、それにカタールの首長家が所属するバニー・ヤース部族と、同じくアラブ首長国連邦のシャルジャ、ラス・アルハイマの首長家の出身部族、カワーシムが、一八三〇年代に激しく対立していた際、大英帝国はこれを仲裁するかたちで「休戦協定」を結び、それぞれの部族を支配下にいれた。アラブ首長国連邦は、一九七一年の独立前、「休戦海岸」と呼ばれていたが、それはイギリスによる休戦協定に基づいて成立した国、という意味だったのである。

大英帝国にとってこの協定は、インドの遠い対岸であるアラビア半島東岸を手中にするという意味で重要な戦略拠点の確保だったが、同時に締結相手の部族にとってもメリットのあるものだった。

勢力の拮抗《きっこう》する中小部族が抗争を繰り返していたところに、圧倒的政治力と軍事力を持つ外国が現れる。その外国と手を組むことによって、地方の一部族が突然、一国を支える首長家に格上げされたのだ。部族同士の競争は大英帝国の登場によってストップがかけられ、たまたまその地にいた一族が、大英帝国のお墨付きによってその後の繁栄を約束された。

そのパターンは、一八九九年に大英帝国の保護下に入ったクウェートも同じだった。

もともとアラビア半島中央部から移住してきたサバーハ一族は、一八世紀に現在のクウェートにあたる地域で支配的な立場を築いていた。とはいえ、他に有力な商人一族などもあって、サバーハ家は首長家として磐石な地位にあったわけではない。そんな中で、一九世紀末、ドイツがバグダード鉄道の敷設《ふせつ》権を得て、バグダードからクウェートまで進出しようとしていた。ベルリン―ビザンティウム（現在のイスタンブル）―バグダードをつなぐ、当時のドイツのアジア進出政策、いわゆる3B政策の延長である。大英帝国は「イギリスの湖」を断固死守するため、サバーハ家のムバーラクを取り込み、クウェートにイギリス以外が接触することを禁じた。

砲艦外交

大英帝国のアラビア半島諸部族の取り込みは、仲裁という紳士的なやり方だけでは決してなかった。むしろその大半が、砲艦外交といえるものだった。

その典型が、カワーシム部族に対する英艦隊攻撃である。カワーシム部族は、前に述べたように現在のアラブ首長国連邦のシャルジャやラス・アルハイマの首長家を輩出した部族だが、一八世紀にはインドとの交易を中心に一大海洋勢力として活躍していた。インド交易を独占したい大英帝国にとっては、厄介な地場勢力である。

ここで大英帝国が取った広報戦術は、なかなか狡猾《こうかつ》な方法であった。縦横無尽にアラビア海を駆けめぐるカワーシムの船を、「海賊だ」と非難したのである。アラブ首長国連邦の前の呼称、「休戦海岸」のさらに前に大英帝国がこの地域につけた名前は、「海賊海岸」

だった(ちなみに、カワーシム部族の末裔《まつえい》であるシャルジャの現首長、スルターン・ムハンマド・アル・カーシミは、一九八六年に『「アラブ海賊」という神話』という書物を出版し、先祖がいかに「海賊」の汚名を着せられたかを論じて、イギリス目線の歴史解釈に猛反駁《はんばく》している)。

インド海洋交易に新規参入する英国船にとっては、地元の交易業者との衝突は避けがたいものだっただろう。地場勢力を「海賊」と悪者にし、悪者を取り締まることで、自国の利権拡大を正当化したのである。結局カワーシム部族は一九世紀初頭、本拠地のラス・アルハイマを英艦隊に砲撃され、完膚《かんぷ》なきまでに破壊された。

カワーシム部族を「海賊」として「鎮圧」したように、大英帝国はもうひとつの帝国を破壊していった。オマーン帝国である。

今ではアラビア半島南東部の一角に日本の四分の三程度の面積を占めるオマーンだが、かつてはザンジバルを拠点に東アフリカ一帯を支配下にいれ、インド洋全体の海洋交易を牛耳っていた海洋帝国だった。現在世界遺産にもなっているジャブリン城をはじめ、山あいに残った重量感ある白茶色の城壁は、オマーンの当時の繁栄を物語ってやまない。

さて、大英帝国がオマーン帝国に課した「罪状」は、イスラーム世界外の非イスラーム教徒を売買する、いわゆる奴隷交易だった。

イスラーム世界では、イスラーム教徒ではない戦争捕虜などを「奴隷」にすることが認められていた。もっとも、この「奴隷」の概念は、西欧社会とは大きく異なる。結婚、個人財産の所有などが認められ、所有者はこれを解放して自由民とすることが推奨された。歴史上、奴隷出身の軍人が権力の頂点に立つことも多く、中世から近世のエジプト、シリア、イラクでは、長く奴隷軍人（マムルーク）による王朝が続いた。

だが、オマーン海洋帝国と大英帝国がインド洋で覇を競っていた一九世紀前半は、折しも奴隷交易禁止の気運がヨーロッパで高まっていた時期だった。大英帝国は一八〇七年に奴隷交易の禁止を定めるとともに、他国にもそれを強要した。真っ先にターゲットになったのが、オマーンの奴隷交易である。結果、アフリカとインドを結ぶオマーンの交易活動は大きく制限され、その後帝国内の後継者争いとザンジバルとの分裂を経て、オマーン帝国は急速に衰退したのである。

2　サウディアラビアの登場

イスラームの盟主

アラビア半島沿岸部のアラブ部族の首長たちは、大英帝国と手を組むことで他の部族に対する優位を、そして二〇世紀後半には独立国家を手に入れた。のちに石油の富で大金持ちになっていくこれらの国が、「西欧植民地支配の遺産」として、他のアラブ諸国からの非難と羨望《せんぼう》の的になるゆえんである。

だが、半島の内陸部に覇を唱えるサウディアラビアは、これらのミニ国家とは大きく様相を異にしている。西欧諸国が侵食する中、ほぼ自力で領土を統一し、大英帝国の思惑を裏切って独立に至ったとすらいえるからだ。その自負と経済力が、サウディを国際政治の一大アクターに押し上げる。石油の富をもとにして、欧米の石油消費国にとっての重要なパートナーとなったのだ。

そのサウディアラビアは、世界で唯一、「メッカ、メディーナというイスラーム教徒にとって最も重要な聖地二つを護衛する者である」と自らを謳《うた》う、「イスラームの盟主」である。

そもそもイスラーム教は、七世紀にアラビア半島西部のメッカ、メディーナで勃興し、アラビア半島を席捲《せっけん》したのちに、イラクやシリア、エジプトなど、周辺地域に広がって広大なイスラーム帝国を築いた。そのイスラーム発祥の地に領土を構えて、二〇世紀に成立したのが、サウディアラビア王国だ。

建国以来、常にイスラームに基づいた厳格な政策を掲げるサウディアラビア。そのサウディ出身で、近年世界を騒がせた人物に、オサーマ・ビン・ラーディンがいる。強烈な反米を主張し、9・11事件の首謀者とされるビン・ラーディン。彼の反米行動は、イスラームの盟主を標榜《ひょうぼう》するサウディアラビアで彼が生まれたことと関係があるのだろうか？　だがその一方で、サウディ王政はアメリカとは切っても切れない関係にある。サウディアラビアが建国以来一貫して、アメリカと強い関係で結ばれているのは、なぜか？

この、矛盾しているように見える謎を解くためには、サウディアラビアがどのような歴史をたどってきたか、見る必要がある。

宗教家と部族の雄のタッグ

ヨーロッパ勢がペルシア湾岸へと触手を伸ばし始めていた一七世紀、アラビア半島は形式的にはオスマン帝国の領土に組み込まれていた。だが大半が砂漠、土漠の半島内陸部では、長い間遊牧部族が部族抗争を繰り広げ、イスラームの教えとは程遠い、分裂と無秩序が蔓延していた。

そこに「天下統一」の兆《きざ》しが見えるのは、一八世紀半ばのことである。中東一帯に大帝国を生み出したイスラームの発祥の地でありながら、アラビア半島はイスラーム以前のような群雄割拠、偶像崇拝に舞い戻っている。これは改革されねばならない――。そう考えて、一八世紀に宗教復興運動を起こしたのが、ムハンマド・アブドゥルワッハーブという人物である。のちに「ワッハーブ派」と他称されるこの宗教運動は、一七四四年、ある部族の有力者一族と組むこととなった。それが、二〇世紀にサウディアラビアを建国することになるサウード家であった。

イスラーム史上最も著名な歴史家のイブン・ハルドゥーンは、一四世紀に「部族は誇り高く野心的で、独立独歩だが、宗教によって統一が可能である」と述べたが、部族の雄サウード家と宗教家アブドゥルワッハーブの連合は、その典型的な例だった。宗教的情熱と部族の勇猛果敢さを併《あわ》せ持った彼らは、一八世紀末、半島諸部族に対して「ジハード」を展開する。

ワッハーブ・サウード連合は、本拠地のリヤード周辺から聖地メッカ、さらに東はペルシア湾岸のハサ地方までを支配下に入れた。その勢いはアラビア半島内にとどまらず、現イラク南部を攻撃し、シーア派聖地カルバラーにあるイマーム（シーア派共同体の指導者）の墓所たる聖廟《せいびょう》を破壊した（このことは、その後長きにわたってシーア派社会に、「ワッハーブ派は怖い」という恐怖を与えることとなった）。

ワッハーブ派の伸張がオスマン帝国領内のイラクに及ぶと、オスマン帝国も黙ってはいない。半島統一を果たしたばかりのサウード家に対して、エジプトから軍事圧力をかける。鎮圧に乗り出したエジプト軍の手によって、第一次ワッハーブ・サウード王国は、一八一八年にいったん潰《つい》えた。その六年後には、ワッハーブ・サウード連合は再び勢力を取り戻し、第二次王国を打ち立てるが、半島全体を支配するには至らなかった。

半島のヒーローと英外交官たち

さて、ワッハーブ・サウード連合が勢力拡大を虎視《こし》眈々《たんたん》と狙っていた頃、半島の外の世界では何が起きていたのだろうか。

アジア、アフリカ進出競争でしのぎを削っていた大英帝国とドイツは、一九一四年、第一次世界大戦で全面衝突した。そのため、ヨーロッパの南東に位置するオスマン帝国は、大戦の最も激しい衝突の舞台のひとつとなった。そのオスマン帝国は、ドイツ側につく。対する大英帝国は、なんとかしてオスマン帝国を、内部から切り崩したい。大英帝国は一九一六年、オスマン帝国内で自治、独立を目指すアラブ民族勢力を利用して、「アラブの反乱」を起こした。

このとき大英帝国が目をつけたのは、アラビア半島西岸、ヒジャーズ地方で聖地メッカとメディーナを守る太守《シャリーフ》の地位にあった、ハーシム家のフサインだった。ハーシム家に率いられたアラブの諸部族は、ヒジャーズで反乱の火の手をあげ、オスマン帝国の支配するパレスチナ、シリアへと北進した。

ここに、英情報将校のT・E・ロレンスが登場し、アラブの反乱支援に一役も二役も買ったことは、超大作映画「アラビアのロレンス」（一九六二年）でも描かれている。ロレンスは預言者ムハンマドの子孫であるフサイン、そしてその息子ファイサルの高貴さに、いたく魅了されたらしい。

ところが、同じ時期、半島内陸部から東部で猛威を振るっていたのが、復活したサウード家であった。傑物アブドゥルアジーズ・アルサウード、通称イブンサウドは、政敵ラシード家に圧《お》されてクウェートへの亡命生活を余儀なくされていたが、二〇世紀にはいるとともに、反撃に出る。身長一メートル九〇センチほどもあったといわれる偉丈夫《いじょうふ》は、わずか二二歳で一族の本拠地リヤードを奪還、破竹の勢いで半島の大半を手中に収めた。

このスーパーヒーローの大活躍に、大英帝国が気づかないはずはない。まず動いたのが、クウェート駐在政務官で後にインド政庁副総督となるW・シェークスピアや、インド政庁情報将校でバグダード、ラホールなどに駐在したハリー・フィルビーである。彼らのような、ペルシア湾岸地域に精通した英インド政庁の外交官たちは、今後の半島の将来を担う人物として、アブドゥルアジーズになんとか接触しようとした。ところが、英外務省の判断は、ハーシム家のフサインを支援するものだった。ぽっと出の暴れん坊より伝統ある貴族を好んだ、ということだろう。

ハーシム家かサウード家か、という選択には、実は当時の大英帝国の対アラビア半島政策の深刻な矛盾が含まれている。アラブの反乱を支援しようという判断は、カイロや他のアラブ情勢を見越しての英本国外務省の方針だった。一方、シェークスピアやフィルビーは、英領インド政庁から中東政策を考えていた。アラビア半島沿岸部がインドルートの確保のために重要だったことからもわかるように、クウェートやバハレーン、マスカット（オマーン）に配属される英駐在官は、インド政庁の管轄にあった。つまり、「アラビア半島のことはインド担当の我々がいちばんよく知っている」という意識が強かったのである。

だが英本国の外務省としては、第一次世界大戦の戦後処理には、エジプトやシリアなど他のアラブ地域の意向も考慮せざるを得ない。折しも大戦後新興国として国際政治に登場したアメリカのウィルソン大統領が、民族自決を唱《うた》って英仏の植民地主義を批判する。露骨な植民地支配より地元のアラブ人有力者を立てて、大英帝国の関与は目立たなくしなければ。有力者を立てるには、アラブ世界全体で名の通った、付き合いの長いハーシム家しかない——。結局、イギリスはヨルダン、イラクの王家にハーシム家を立て、両国を委任統治下において間接支配した。

皮肉なことに、大英帝国がアラブ全体の王と期待したハーシム家の本拠地ヒジャーズ地方は、一九二五年、サウード家のアブドゥルアジーズの手に落ちた。イラクのハーシム王政は一九五八年の共和制革命で潰《つい》え、いまや大英帝国の愛したハーシム家は、小国ヨルダンに残るのみである。ちなみにサウード家を推していたフィルビーは、本国政府のこの一連の中東政策に反発し、一九二四年に英政府勤務を辞した後、サウディに身を寄せてアブドゥルアジーズの片腕となっている。

アメリカとの蜜月

このようなサウディアラビアのイギリスとの不協和音に目をつけたのが、アメリカである。

アメリカの中東との関わりは、遅い。一九世紀半ば以降パレスチナ地方のキリスト教聖地を訪ねる観光、聖地研究や、エジプト古代遺跡への関心が高まったものの、政府として中東地域に政治経済的な関与を強めたのは、二〇世紀にはいってからのことであった。米国務省に「近東局」が設置されたのは、一九〇九年のこと。当時、新興国だったアメリカが狙っていたのは、どうすればヨーロッパ列強諸国の中東に対する独占的支配に食い込めるか、だった。

なかでもアメリカにとって最大の問題だったのは、中東の石油資源にいかにアクセスするかであった。ペルシアで油田が発見され、イギリス人実業家のW・ダーシーが利権を得てアングロ・ペルシア石油会社を設立したのは、一九〇九年のことである。その後、今のイラク地方北部のキルクークでも油田が発見され、イラン、イラクの石油利権は英仏に独占された。アメリカは、一部の会社がイラクの石油開発になんとか参入できたものの、イギリスの油田支配には及ぶべくもない。

そこで米企業が考えたのは、英仏独占地域の外に油田を見つけられないか、ということである。後にシェブロンと名を変えるカリフォルニア・スタンダード社は、まずバハレーンで油田を掘り当てる。続いて一九三三年に、サウディアラビアから石油利権を得た。

そこから、米石油企業とサウディアラビアの蜜月関係が始まる。サウディアラビアの石油開発を一手に引き受ける米合弁会社アラムコは、東部州のダーランで超巨大油田を開発、世界最大のラス・タンヌーラ製油所を建設し、サウディアラビアの石油産業をみるみる作り上げていく。

一九四〇年までには、サウディが膨大な石油埋蔵量を抱えることが確認された（二〇〇八年段階で世界の埋蔵量の五分の一強を占めて世界最大）。サウディ政府の石油収入は目覚《めざま》しく増え、四六年の年間一〇〇〇万ドルから四八年には五三〇〇万ドルに、五二年には二億一二〇〇万ドルとなった。それに伴って、サウディアラビアのラクダ遊牧の世界は、飛行機、車、通信施設が次々に導入される現代のテクノロジー社会へと、急速に転換したのである。

第二次世界大戦末期には、米政府はエネルギー資源の確保のために、サウディアラビアからの石油供給の安定化をアメリカの死活問題と認識するようになった。一九四五年、ヤルタ会議からの帰国途上、ルーズベルト米大統領は、米軍艦上でアブドゥルアジーズ国王と会見した。「サウディアラビアの防衛はアメリカ防衛にとって肝要」（一九四三年ルーズベルト大統領発言）とのアメリカの政策が打ち立てられ、五一年にはダーラン空軍基地の使用を含めた米・サウディ間軍事協力関係を定めた相互防衛援助協定が締結された。

アラブ民族主義の政権が続々と

「サウディのような封建的王政を民主主義の旗手アメリカが支援してよいのか？　宗教的保守政策のもとに繰り広げられているサウディの非民主的政策を、アメリカは見過ごしてよいのか？」

これは、9・11事件以降――いや、それ以前にも――、繰り返しアメリカ国内の世論で聞かれた疑問である。自由と民主主義を旗印とするアメリカが、正反対のサウディ王政を支え続けることの最大の理由はその石油である、と、常に言われてきた。

だがその背景には、実は単なるエネルギー安全保障以上に重要な問題が隠されていた。それは、第3章で詳しく述べるように、第二次大戦後、半世紀にわたり国際政治を支配した「冷戦」である。アメリカはサウディアラビアの石油資源を重視していたが、それ以上にこの地域にソ連が南下し、油田地帯を脅《おびや》かすことを極端に恐れていた。「冷戦」でサウディアラビアが悩まされたのは、ソ連の直接の脅威ではない。次々に社会主義、民族主義化していく周辺国からの圧力と、それらに影響を受けた国内の反王政運動に、頭を痛めたのである。

五〇年代の中東地域は、英仏の支配から脱却したエジプト、シリア、イラクが次々に左派アラブ民族主義政権を樹立し、反米・反イスラエル政策を強めていた。アラブの統一を求める思想や社会主義は、当時、民族、宗派を問わず、中東の多くの若者を魅了したが、サウディアラビアや他のアラビア半島の国々もまた、例外ではなかった。

その最大の脅威は、一九五二年、エジプトで親英王政を倒し共和制革命を起こした軍人、ガマール・アブドゥンナーセル（ナーセル）が掲げたアラブ民族主義である。エジプトのアラブ民族主義政権は、反イスラエルという点では他のアラブ諸国と立場を同じくしていたが、サウディアラビアなどアラビア半島の王政・首長制諸国を「封建的」と非難、特に政治的経済的に英米にどっぷり依存していることを糾弾した。

1955年、エジプト・サウディアラビア間相互防衛軍事協定にカイロで調印する、ナーセル・エジプト首相(左)とファイサル・サウディアラビア皇太子(右)。だがその後イエメン内戦をめぐり、両者は激しく対立する

ナーセルだけではない。シリア、イラクで六〇年代から七〇年代に政権を確立したバアス党もまた、アラブ民族主義を謳《うた》ってアラブ世界全体に影響力を広げていった。アラブアラビア半島の若年層のなかには、アラブ民族主義に感化されて自国政権への批判を始めた者たちも現れた。

一九五六年の第二次中東戦争で、エジプトが対戦相手としたのは旧植民地主義国たる英仏だったが、戦争の数ヵ月前、ナーセルは英仏支配下にあったスエズ運河を国有化していた。そのことによって、ナーセルはアラブ世界のみならずアジア、アフリカの非同盟諸国の間で、民族主義のヒーローとなったのである。

イギリスの退場と左派の台頭

第二次中東戦争をきっかけとして、イギリスは古い時代の支配者として去り行くことを余儀なくされる。イギリスは、一九六八年にスエズ運河から東のすべての地域からの撤退を宣言した。それによって、イギリスがインド支配のために確保していたペルシア湾岸地域の部族長たちを庇護する関係も、終わりを告げたのだ。クウェートは一九六一年に、「休戦海岸」はアラブ首長国連邦として、カタールやバハレーンと同じ一九七一年に独立することになった。

半島の封建的首長国から保護者が消えることは、民族独立、左派革命を夢見る新しい知識層にとって、政権奪取のための絶好のチャンスだった。各国で、左派系の反植民地主義、反王政ゲリラ活動が盛んになっていく。一九六七年には南イエメンに共産党政権が誕生し、それを契機にオマーンでは、南西部のドファール地方の独立を目指すゲリラ戦線が急速に左傾化していった。

「左派革命」の危機は、サウディ王政の咽喉元《のどもと》にまで突きつけられていた。その最たる事件が、イエメン内戦だった。

南イエメンが共産化する五年前には、聖地メッカから南東に七〇〇キロメートルもいかないところに位置する隣国北イエメンで、王政が廃止されていた。このイエメンの新生共和制政権を支援するため、エジプトは軍を派遣した。イエメン内戦介入である。一方サウディアラビアは、旧王政を支持する王党派を支援したため、イエメンでエジプト・サウディの代理戦争ともいうべき状況が展開された。

このように、左傾化し共和制を掲げ、王政と植民地支配に対する「革命」を主張するアラブ民族主義の国々に対して、サウディアラビアはどう王政を守っていけるのか?

そこでサウディアラビアは、「イスラームの盟主としてのサウディアラビア」という姿勢を、民族主義に対抗して打ちたてた。そのために活用されたのが、世界イスラーム連盟(一九六二年設立)やイスラーム諸国会議機構(一九七一年)、その付属機関であるイスラーム開発銀行(一九七五年)などの組織である。これらの組織を通じて、サウディアラビアはパキスタン、トルコなどの非アラブを含めたイスラーム諸国との関係強化を図った。

特にイスラーム開発銀行は、その後アジア、アフリカのイスラーム諸国への経済支援の母体として機能した。エジプト、シリア、ヨルダン、パキスタン、スーダン、ソマリア、北イエメンなど、まさにサウディの安全保障上「左傾化してほしくない国々」を対象に援助が行われたのである。

石油がサウディアラビアを救った

「イスラームの盟主」という謳い文句以上にサウディアラビア王政を救ったのは、なんといっても石油であった。

石油政策を利用して、アラブ世界全体の懸念材料だったパレスチナ問題に貢献し、アラブ諸国の間での地位を高める。その契機となったのが、イスラエルを支援する欧米先進国に対して、アラブ諸国を中心とした産油国が一九七三年に発動した、「石油戦略」であった。この石油戦略は、サウディの協力なしには不可能だった。

産油国の石油収入は、第二次世界大戦後急速に伸びていたが、産油国はいずれも、その石油資源を欧米企業に独占されていた。五〇年にはサウディアラビアがアラムコ相手に利益折半協定を結ぶことに成功するが、石油資源を欧米企業の手から取り戻すなど、夢のまた夢だった。一九五一年にイランで民族主義者のモサッデク首相が石油国有化宣言を行ったが、米英に無残に潰《つぶ》されたことは、CIA（米中央情報局）への怨恨としてイラン国民の間に長く記憶された。

その産油国と欧米先進国の関係が一変したのが、一九七三年、第四次中東戦争の際の石油戦略発動である。

そもそも石油産出国は、中東地域に限らずベネズエラ、インドネシアなど他地域も含めて一九六〇年にOPEC（石油輸出国機構）を設立、六八年にはアラブの産油国だけでOA

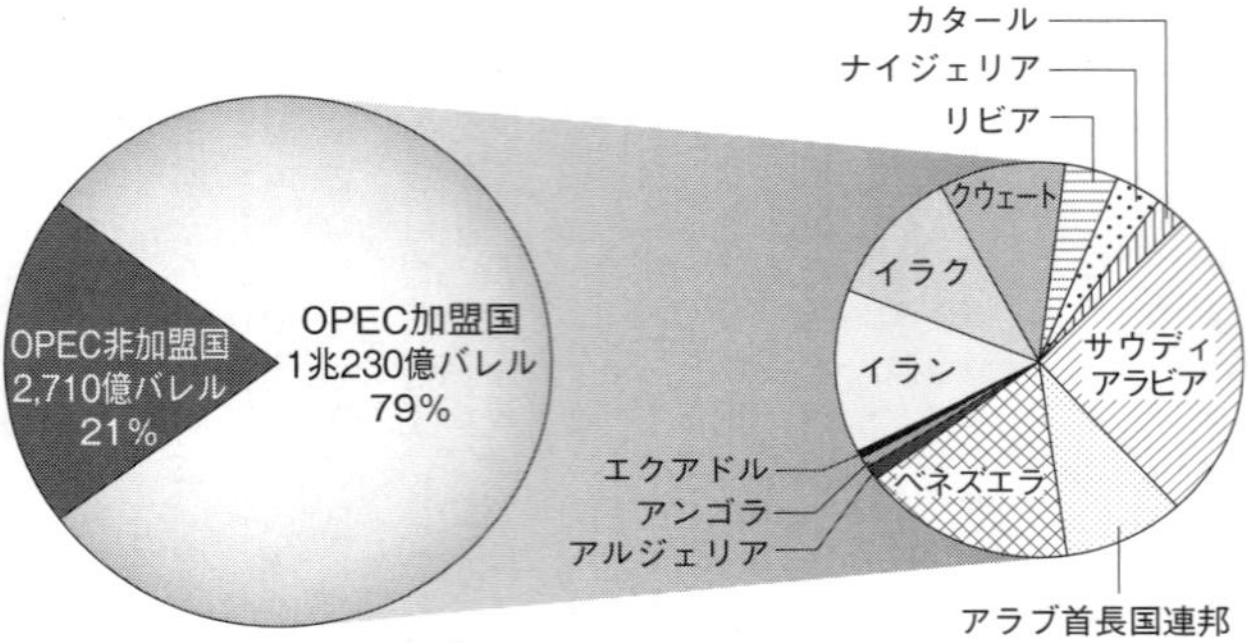

OPEC加盟国の原油埋蔵量の内訳（2008年）

サウディアラビア	264（25.8%）	リビア	44（4.3%）
ベネズエラ	172（16.8%）	ナイジェリア	37（3.6%）
イラン	138（13.4%）	カタール	25（2.5%）
イラク	115（11.2%）	アルジェリア	12（1.2%）
クウェート	102（9.9%）	アンゴラ	10（0.9%）
アラブ首長国連邦	98（9.6%）	エクアドル	7（0.6%）

出典：OPEC *Annual Statistical Bulletin 2008*

OPEC加盟国の確認原油埋蔵量（2008年末、10億バレル）

PEC（アラブ石油輸出国機構）を結成し、英米の石油企業に対抗できるよう結束を強めようとしていた。特にアラブ諸国には、敗北続きのイスラエルとの戦争に勝つために、この石油資源を有効に使えないものか、との思惑があった。石油を使って、欧米諸国のイスラエルに対する経済的軍事的支援を止めさせることはできないか？

その結果、一九七三年にOAPECがイスラエル支援国に対する石油禁輸を決定した。さらにOPECが原油価格を引き上げたため、石油価格は四倍に跳ね上がった。

これが「石油戦略」、石油消費国にとっての「第一次石油ショック」である。四〇代以上の読者には、日本でなぜか、トイレットペーパーが品薄になって大混乱したことを覚えている人も多いだろう。「省エネ」「節電」が叫ばれ、夜中のテレビ番組がいっせいに姿を消した。

ちなみに、日本は禁輸対象となる「親イスラエル」とはみなされなかったものの、アラブの「友好国」という扱いもされなかった。そのため、日本政府は急遽《きゅうきょ》特使をエジプト、サウディなどに派遣し、外交政策をアラブ寄りに修正した。当時の日本のメディアは、この変わり身を「アラブ外交ならぬアブラ（油）外交」と呼んで、揶揄《やゆ》したりもした。

石油が国を強くする

この「石油戦略」で最も大きな役割を果たしたのが、サウディアラビアであった。このことは、サウディのアラブ諸国の間での位置づけを大いに変えた。アラブ民族主義政権と対立関係にあったサウディが、唯一アメリカに影響力を行使できる国として積極的に評価されたのである。むしろ、アメリカとエジプトなどのアラブ民族主義政権の関係をつなぐ要《かなめ》として、サウディアラビアはその発言力を高めていった。

石油で自国の立場を強くしたのは、サウディアラビアだけではない。湾岸の小首長国群もまた、急激に国庫に流入した膨大な石油の富を活《い》かして、アラブ民族主義政権を擁する非産油国への影響力を確保していった。

主要な湾岸産油国の一九七三年から七四年への石油輸出額の伸びをあげると、サウディアラビアで八九・六億ドルから三五四・八億ドル、クウェートで三五・七億ドルから一〇五・七億ドル、アラブ首長国連邦で一七・四億ドルから六三・三億ドルと、いずれも一年で三〜四倍に増大している(OPEC統計による)。この頃から、アラビア半島の砂漠では、オイル・マネーによって急速な近代都市の建設が進められていった。

この膨大な石油収入は、国内の産業開発と同時に、アラブの非産油国への援助にも当てられた。いずれの湾岸産油国も、パレスチナ、エジプト、シリア、ヨルダンなど、イスラ

1975年、サウディアラビアを訪問したキッシンジャー米国務長官（左）と会談するファイサル国王（右）

エルと国境を接する、前線国に対する経済援助を大幅に強化したのである。それは、パレスチナ問題に積極的に軍事力で関与しないことの代償だった。「保守的」「封建的」と左派民族主義から非難にさらされた湾岸の王政・首長制の国々が、ここに、カネで非難を回避するという懐柔の手段を得たのである。

さらには、石油ブームに沸く湾岸産油国の経済開発に伴って、エジプト、イエメンなどから海外労働者が流入し、稼いだカネを大量に自国に送金した。そのため、非産油国経済自体が、産油国で働く自国民からの大量の送金をあてにするようになった。

親米の保守的産油国の経済ブームが、

エジプトやイエメン、シリアなど、六〇年代以降社会主義化を進めてきた非産油国を支える——。当時、親米保守路線を唾棄《だき》すべきものとしていた左派系アラブ民族主義の政権にとっては、なんとも皮肉な結果となった。

「社会主義政策で国民の生活水準を上げようと頑張ってきたのに、オイル・マネーの流入で一気に人々の生活が豊かになった。我々の社会主義化とはなんだったんだろう！」とは、エジプトの某経済学者が嘆いた言である。

七〇年代初めまで、「中東」の立役者はアラブ・イスラエル紛争を戦うアラブの共和制諸国だった。そして、アラビア半島地域の国々は、これらの共和制諸国に比べて、アラブ・中東諸国の辺境、政治的な「後進地域」とみなされてきた。七〇年代半ばに、その力関係を逆転させたのが、石油だったのである。

3　石油の国々

外国人で成立する湾岸産油国

あなたがペルシア湾岸の産油国のどこかの空港——ドバイでもアブダビでもよい、クウエートでもカタールのドーハでも――に降り立ったとしよう。

空港でタクシーを拾えば、フィリピン人の運転手が「どちらまで？」と尋ねる。ホテルに到着すると、インド人のベルボーイがあなたのトランクを抱え上げ、フロントのエジプト人が「ようこそ」とにこやかに迎えてくれる。スーダン人かソマリア人かがロビーの大理石の床を掃除し、レストランではバングラデシュ人のボーイが注文を取り、タイ人のメイドが浴室のアメニティは足りているか、聞いてくる。窓から見下ろす建設現場ではパキスタン人の労働者がクレーンを動かし、ネパール人のデリバリーボーイがピザをバイクに乗せて走る姿が見える。商談でオフィスを訪ねると、応対するのはレバノン人か、パレスチナ人か、はたまたイラク人か。湾岸産油国を歩いていて、その国の国民に出会うのは、至難の業《わざ》である。

四国とほぼ同じ面積で人口二七三万人のクウェート。秋田県よりもやや狭い面積で人口約一二八万人のカタール。北海道とほぼ同じ面積で人口四四八万人のアラブ首長国連邦。国土と人口だけ見れば「超ミニ国家」だが、その富はといえば、世界のトップクラスに並ぶ。一人当たり国民総所得（二〇〇八年世界銀行統計による）がクウェートで三万八四二〇ドル、カタールで五万ドル以上と、いずれも日本を抜く水準だ（アラブ首長国連邦は二〇〇四年のデータしかないが、二万六二七〇ドル）。

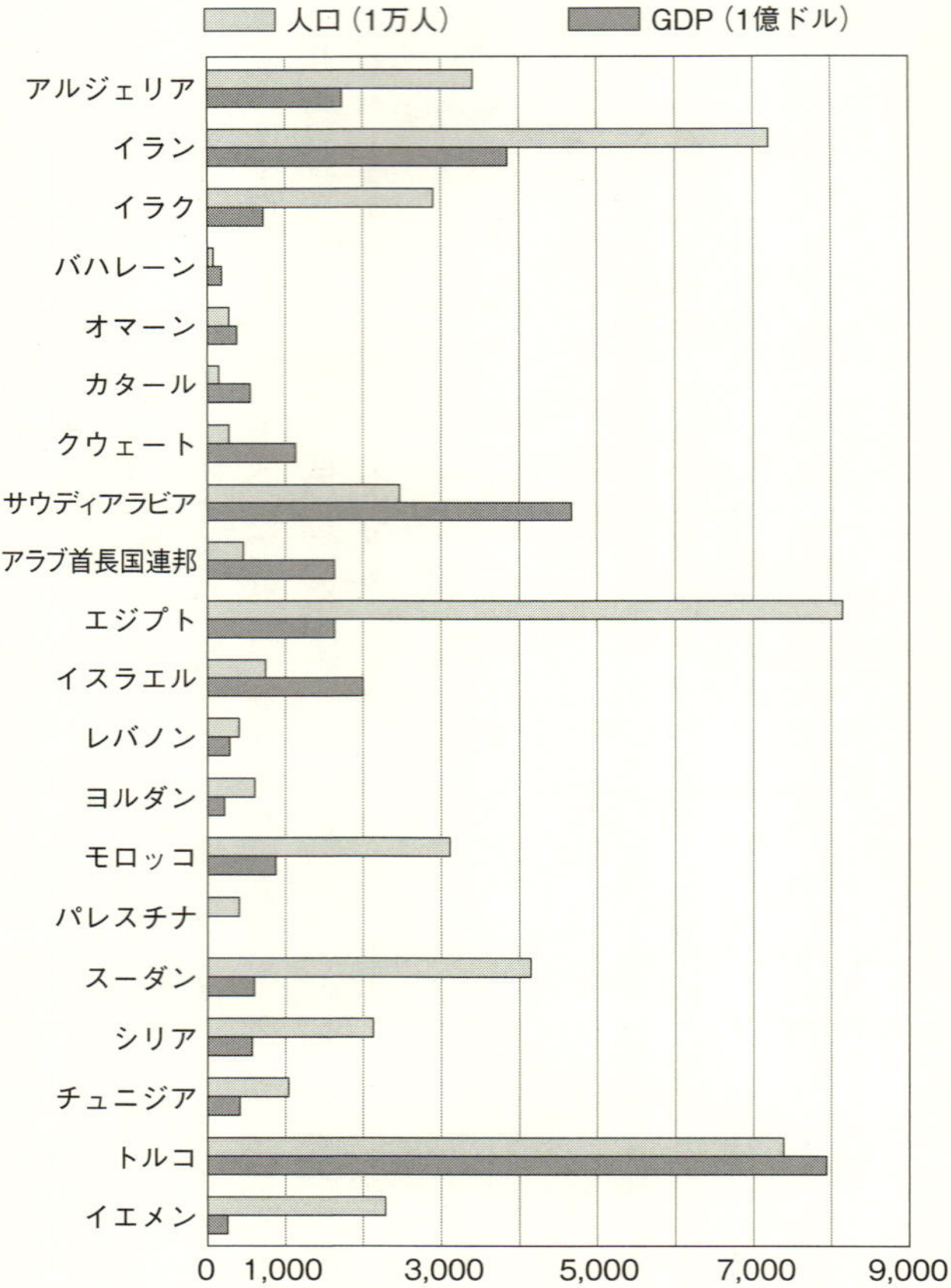

出典：世界銀行統計（2008年）などより著者作成。イラクのデータについては CIA Factbook（2010年）に基づく

中東諸国の人口とGDP

さらには、いずれの国も人口のうち国民だけを数えると、驚くほど少ない。クウェートやカタールでは三割、アラブ首長国連邦で二割にしかならず、残る七、八割は外国人労働者である。

これらの国に外国人労働者が大量に流入したのは、一九七三年の第一次石油ショックと七九年の第二次石油ショックの後の開発ブームに始まる。各産油国は、いずれも莫大な石油収入を手にし、それを背景に七〇年代後半から八〇年代前半、国内経済開発を急ピッチで進めたのである。石油価格はいったん八六年に供給過剰で暴落したが、二〇〇〇年代以降再び上昇し始め、二〇〇八年には世界的に石油価格が急騰した。この年OPEC全体の年間石油収入は過去最大、九〇年代の四倍近くにも膨れ上がった。

二〇〇八年の「リーマン・ショック」、二〇〇九年の「ドバイ・ショック」以降、産油国でも景気後退が懸念されているが、それでも他の地域に比較して、産油国としての強みは大きい。バブル崩壊の危機に瀕するドバイも、同じアラブ首長国連邦の大産油国、アブダビの後ろ盾が期待されている。

この湾岸諸国の石油の富の恩恵にあずかろうと、世界中から労働者が集まった。だが、自国民と外国人労働者との間には、政治的にも経済的にも、超えがたい格差がある。セクハラを受ける女性家内労働者、暴力に耐えるお抱え運転手、過酷な労働条件にさらされる

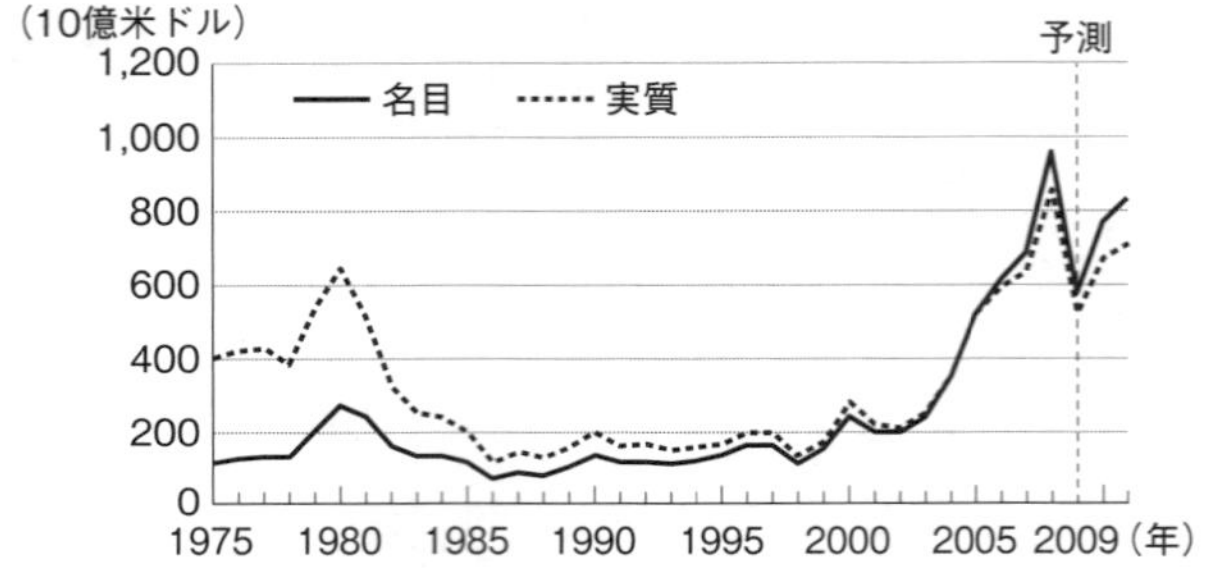

出典：EIA *Short-Term Energy Outlook*

OPECの純石油輸出収入

建設労働者――。外国人労働者が本国にもたらす海外送金は、アジア、アフリカ諸国にとっては貴重な外貨収入となるが、外国人労働者が産油国で被る人権侵害は、数え切れぬほど報告されている。労働者を送り出す国の、悩みの種だ。また、産油国の景気が後退すればしたで、そのしわ寄せを受けるのも、こうした外国人労働者である。

なぜ格差が政治の不安定につながらないのか？

「国民」の地位から疎外されてきたのは、開発事業のために呼び入れられた外国人労働者だけではない。いずれの首長国にも、首長家が統治体制を整える前から住んでいた住民や、遊牧生活のため国籍付与の際にどの国家にも属さなかったことで、無国籍のまま放置されている住民がいる。

たとえば、クウェートには無国籍者を意味する「ビドゥーン」が数十万人単位で存在していた。また、バハレーンでは支配一族がスンナ派なのに対して、もともとの住民のほとんどがシーア派で、支配一族と比べて政治的経済的に圧倒的な劣位に置かれてきた。サウディアラビアでも東部油田地帯にはシーア派住民が住むが、サウディ国籍を持ちながらもシーア派だからという理由で、異端視されている。ワッハーブ派は、シーア派をイスラーム教徒とみなしていないからだ。

国民と外国人労働者の間の格差、同じ住民の間を差別化する国籍の壁、さらには国籍を持つ者のなかでも歴然と存在する待遇の差など、湾岸産油国には支配一族を頂点とする格差の壁が幾重にも存在する。裕福なミニ国家が抱える、一種の爆弾だ。

だが、過去四〇年ほどの間、そうした問題が噴出したことは、イラン革命後にサウディ東部とバハレーンで発生したシーア派住民の暴動など、いくつかの限られたケースを除いてあまり見られない。なぜ社会格差が政治的不安定につながらないのか？

それは、こうした産油国政府が、国民から税金を取るのではなく、石油収入を国民にばら撒《ま》いて国民の支持を確保する「レンティア国家」の典型例だからである。産油国のように不労所得で成り立つ経済を「レンティア経済」といい、一般的に、レンティア国家では民主化が遅れがちだと論じられることが多い。

「代表なくして課税なし」という有名な民主主義原則の言葉通り、税金を課されず裕福な生活が保障されていれば、国民はさほど熱心には政治参加を求めないだろう、という発想が、湾岸産油国の経済運営の底流にある。国民のステータスを得られなくとも、とりあえず十分すぎる収入を得られれば、外国人労働者の不満も昂《こう》じないはずだ――。産油国では、格差はあっても、底を十分あげることで、それが社会問題化しないようにしているのである。

軍事力を持たない国の生きる道

わずかな人口しか国民がいない、ということは、労働力に困るだけではない。軍隊を作っても、十分な兵士が確保できず、軍事力に悪影響が出る。それでは困るのではないか？ と思われがちだが、実際はまったく逆である。王政、首長制の湾岸諸国は、概して自国軍を拡充することに忌避感を抱いてきた。

なぜか？ 強化された軍がその後どのような政治的展開をたどるか、その実例が常に近隣にあったからである。エジプトやシリア、イラクなど、いずれも国軍が強化された結果、軍人の政治介入が起こり、アラブ民族主義や社会主義など進歩的思想を掲げて、時の王政を引っくり返した。体制護持を最大目標とするアラビア半島の国々は、軍人のクーデターを恐れて、国軍の育成をあえて避けてきたのである。

充分な軍も持たず、しかしイラン、イラク、エジプトと、周辺を軍事大国に囲まれた裕福な湾岸産油国は、いかに生き延びていけるのか。ここでも石油の富に頼るしかない。

隣接する軍事大国に振り回された典型的な例が、イラン・イラク戦争のときの湾岸諸国だろう。後述するように、一九七九年に起きたイラン革命でイスラーム政権が樹立された。するとその翌年九月、革命後の混乱に乗じて領土的野心を発揮した隣国イラクが、革命イランに戦いを挑んだのである。このときイラクは、イスラーム革命の周辺への波及を防ぐと主張して、とりわけシーア派の伸張に戦々恐々としていた湾岸のアラブ諸国の利害を代弁しているつもりでいた。

シーア派の革命政権イランの誕生に危機感を抱いた湾岸アラブ諸国は、一九八一年、湾岸協力会議（GCC）を結成して集団安全保障に努めた。だが、微弱な軍をかき集めても、イラン、イラクという地域大国には及ぶべくもない。ひっきょう、イラクに頑張ってもらうしか手はなく、イラクの戦争を金銭的援助で支えた。開戦のつい数年前までアラブ民族主義、左派革命思想を掲げて、湾岸の保守体制を糾弾していたイラクを支援するというのは、なんとも皮肉なことだったが、サウディアラビアやクウェートを中心に、総額三〇〇億ドルを越えるともいわれる資金をイラクにつぎ込んだ。

この金で、イラクはフランスやソ連から最新鋭の兵器を買いまくる。八八年にイラン・

イラク戦争が終わったとき、イラクが軍事大国となって勝ち残り、その後欧米諸国から「ならず者国家」扱いされたゆえんである。

さて、湾岸のミニ国家群の防波堤として頑張った、という意識を持つイラクは、湾岸諸国からの援助は当然返さなくともよい趣旨のカネだ、と認識した。ところが、援助した側はそう思わない。

返せ、といったのはクウェートである。しかも、戦後イラクが急ぎ外貨収入を増やそうとして、石油価格を吊り上げようとしたときに、クウェートは薄利多売で石油を安く売った。これがイラクの逆鱗《げきりん》に触れる。

これを契機として、イラク軍は一九九〇年八月、クウェートに侵攻した。そのときにイラク政府が掲げた「理由」は、「オスマン帝国時代にクウェートはイラクの一部だった」ということだった。これが、半年後に湾岸戦争を誘発する、湾岸危機の始まりだった。

クウェートのパレスチナ人

イラクのクウェート侵攻とそれに続く湾岸戦争のとばっちりを食ったのは、パレスチナ人であった。パレスチナ人については次章で詳しく述べるが、クウェートは、外国人労働者に依存する湾岸諸国のなかでも、パレスチナ人を多く受け入れてきた国である。フランスの著名なジャーナリスト、エリック・ルローによれば、クウェートのパレスチナ人は一九八一年には三〇万人にも上っていたが、これは、当時の全クウェート人口の約四分の一にあたる。

一九九〇年、イラクがクウェートを攻撃したとき、国を捨てて逃げ出したクウェートの首長一族に対して、「ざまあみろ」的感情を露《あらわ》にしたアラブ人は、少なくない。湾岸産油国への出稼ぎ経験を持つ非産油国の貧しい国の人々は、出稼ぎ収入で豊かにはなったものの、そこでの不愉快な待遇から産油国に反感を抱くケースが多かったのだ。

なかでもパレスチナ人の間では、イラクに快哉《かいさい》を叫ぶ声が爆発的に高まった。というのも、イラクのフセイン大統領が、「イスラエルがパレスチナから撤退すれば、イラクもクウェートから撤退する」と述べて、パレスチナ人の歓心を買ったからである。また、PLO（パレスチナ解放機構）のアラファート議長は、当時イラクから経済的支援を受けていたこともあって、クウェートではなくイラクを支持した。

ところが、このことは、クウェートで二級市民の地位に甘んじていたパレスチナ人の立場を、危うくした。クウェートに軍事侵攻したイラクを支援するパレスチナ人など、信用おけない、と、クウェート政府が考えたからだ。そのため、一九九一年、湾岸戦争を経て国土を取り返すと、クウェート政府は、一転、パレスチナ人の追い出しにかかった。

こうしたパレスチナ離れの傾向は、クウェートのみならず、湾岸諸国全体に広がっていった。湾岸戦争まで、パレスチナに対しては、金銭的支援をすることで「アラブの大義」に貢献している、としてきた湾岸諸国だが、湾岸戦争に際してPLOが敵国イラクを支援すると、これへの援助を打ち切ったのである。

小説「太陽の男たち」のラストシーン

パレスチナ問題を核として維持されてきた「アラブ諸国の連帯」は、以上のように七〇年代末にはほころび、湾岸戦争で決定的な亀裂を生じた。九〇年代以降、湾岸諸国が他の中東域内大国主導のさまざまな政策におずおずとついていく時代は、終わった。

サウディアラビア、クウェート、バハレーンなどの産油国は、湾岸戦争から一、二年のうちに、アメリカとの二国間協定を結んだ。域内諸国の相互の協力関係よりも、それぞれが米軍の傘の下で安全を確保することを選んだのである。ミニ国家たちは、独自の政治路線、経済政策を展開し、そのオイル・マネーは、ただただ自国の贅沢のためか、欧米先進国への投資に向けられていった。

一九六三年、パレスチナ問題がアラブ世界全体を突き動かしていた時代に、ひとりのパレスチナ人作家が、小説を発表した。作家の名はガッサーン・カナファーニー、小説名を

「太陽の男たち」という（邦訳『ハイファに戻って　太陽の男たち』所収）。

故郷を追われたパレスチナ人難民が、稼ぎ先を求めてイラクからクウェートに密入国しようとする。給水車の空のタンクの中に隠れて国境を越えようとするが、灼熱の炎天下、入国に手間取った運転手が戻ってくると、密入国者たちはタンクのなかで死んでいる。

それを見た運転手が、「なぜタンクの壁を叩かなかったんだ？」と、窮状のなかで声を上げなかったパレスチナ人を責めるシーンで、この小説は終わっている。

この小説は一九七一年にシリアで映画化されたが、エジプト映画界出身のタウフィーク・サーリフ監督は、映画のラストシーンを原作から少し変えた。映画では、密入国者たちはタンクの壁を叩く。だが、その音はクウェート国境管理官の事務所でぶんぶん呻《うな》るエアコンの音にかき消されて、運転手の耳に届かないのだ。

自分たちを襲った悲劇に翻弄《ほんろう》されるだけのパレスチナ人を反省する小説は、パレスチナ人が立ち上がって同胞のアラブ人たちに支援を求めているのに、手を差し伸べない湾岸の金持ち産油国を批判する映画となった。

「石油の国々」の現在

二〇一〇年、再びこの小説を映画化するとしたら、どうなるだろうか。給水車を入国もさせず、どこにも行けないパレスチナ人を放置して、ドバイの最高級ホテルで飽食を楽しむアラブ人たちの姿が、ラストシーンとなるのだろうか。

確かに、一九九六年にイスラエルの貿易事務所を開いたカタールのように、イスラエルとの関係をタブー視した外交政策が湾岸産油国の間で形骸化していることは、否めないだろう。だが、石油の富で潤う保守的湾岸諸国に住む人々が、飽食のなかで国内外の諸矛盾に無関心になっているわけでは決してない。王政・首長制に対して、小規模ながら民主化を求める運動も、特に九〇年代以降見られる。

一九九一年、二〇〇三年とサウディアラビアで政治改革を求める嘆願書が出されたのは、自由な政治活動がほとんど認められていないサウディでは実に珍しいことだったし、クウェートでは一九九五年に国籍法が改正されて、帰化の条件が緩和された。近代化と経済発展のなかで知識人層は着実に育っているし、高等教育を欧米で受けることは、湾岸産油国ではごく当たり前のことだ。衛星放送の普及で国際情勢への関心と知識は高まり、人権問題や貧富の格差にも、無関心ではいられない。

実際、湾岸産油国の多くが、過去二〇年の間に、憲法や議会開設、選挙制度の導入など、民主化への努力を見せている。「議会も憲法も不要!」としていたサウディアラビアですら、九〇年代以降、諮問《しもん》評議会や国家基本法を導入した。しかし、こうした政治改革がなされた時期を見ると、そのほとんどが湾岸戦争やイラク戦争の直後に集中している。

つまるところ、アメリカの軍事的圧力がちらつくなかで、ようやく民主化への動きが進んだといえる。それ以外は、九五年に父王を放逐《ほうちく》したカタールのように、首長一族内の権力抗争の結果、政治改革が進んだ、という例が、わずかに見られる程度である。

それでは、人々のフラストレーションはどこに行くのか。第5章で詳しく見るが、湾岸諸国の若者たちは、アラビア語のアルジャジーラ衛星放送の開始（一九九六年）とともに、膨大な量の国際政治の矛盾と、中東地域で今何が起きているかという情報を、日々眼のあたりにするようになっている。

そう、「太陽の男たち」のサーリフ監督がもし今健在なら、最高級ホテルの一室でソファに寝っころがりながらも、テレビに映るイラク戦争の惨劇やイスラエルのガザへの集中砲火を見て憤りをつのらせる、アラブの新しい若者たちの姿を、最後に映し出すかもしれない。

第２章　パレスチナ問題とは何か

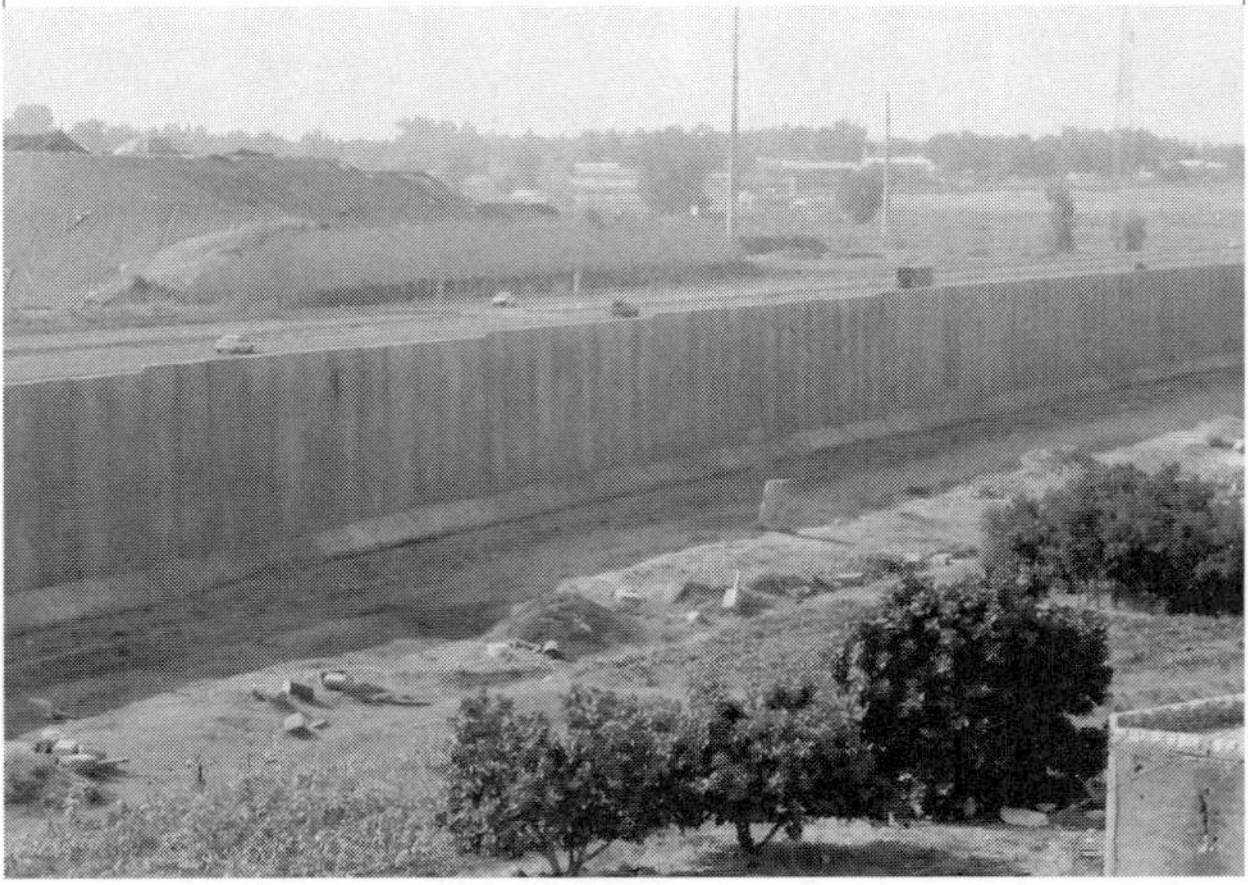

イスラエル政府が、パレスチナ人居住区とイスラエルの入植地を隔てるために、ヨルダン川西岸パレスチナ自治区に築いた「分離壁」。壁の向こう側を走るのはイスラエルの高速道路（同地区カルキリヤ、2003年撮影）

故国の味

一九九〇年代も終わりのこと、ある国際会議で一緒になったエジプト人たちと、シリアに旅行したことがある。「アラブはひとつ」の原則を体現するごとく、アラブ民族主義のエジプトから同じ民族主義を掲げるシリアに入国するのに、ビザは必要ではない。言葉も同じアラビア語、「文化と歴史を共有する」アラブ民族同士なのだから、初めての訪問とはいえ、さぞかし土地勘はあるのだろう——。そう思って同行したら、まあ、ぼやきと不平が出てくること出てくること。

たとえば、エジプトの大衆料理にファッタと呼ばれる料理がある。パンの上に酢味のご飯と肉を乗せた、がっつり食べるときの食事だ。エジプト人一行とダマスカスのレストランに朝食を食べに行くと、メニューにファッタがあった。シリアじゃ朝からこんな重いご飯を食べるのか、驚きだ、とさんざん言っているうちに出てきた料理は、エジプトのファッタとは似ても似つかない。やれご飯が入っていない、やれ豆が入っている、こんなのファッタじゃない、と、郷土意識丸出しだ。

同じような光景は、日本に留学しているアラブ人学生を食事に呼んだときにも、よく目にする。イラクで習い覚えたアラブ料理を作って出すと、久々のアラブの手料理に舌つづみを打ちながら、やれうちの（国の）料理とちょっと違う、うち（の国）ではタマネギは使わない、うんぬん。言葉も同様で、やれお前の北アフリカ方言はよくわからん、湾岸諸国のアラビア語は田舎臭いと、笑いながら冗談を言いあう。

ベースが同じな分、ちょっと違うとその違いが気になって仕方がないのだろう。だが、傍観者の筆者から見れば、日本のテレビでたとえるなら〝県民性の違いを話題にしたバラエティ番組〟のトーク程度の、他愛のないやりとりのようにも聞こえる。お国の味は少しずつ違うとはいえ、串焼き肉のカバーブに舌つづみを打ち、塩漬けオリーブがなければ食事が始まらないのは共通だ。同じアラビア語で書かれた小説や映画を熱く語り、アラビア語の流行り唄を口ずさむ。その作家、歌手がどこの国の出自だろうと、アラブ民族同士、同じ文化と言葉と歴史の伝統のなかで、揺るがぬ基盤を共有して生きているように、筆者には見える。

もちろん、その一方で、出身国によって超えられない差異があることも確かだ。イラクが国際的に孤立していたときの気持ちは、他のアラブ諸国にはわかってもらえない、金満大国といわれながらサウディはサウディで他の国にはわからない苦労があるんだ、などなど、さまざまな思いが交錯する。

アラブ民族意識とは何か

「西はモロッコから東はイラク、北はシリアから南はスーダンまで、アラブ諸国の間には、ひとつのアラブ民族という、既存の国境を越えた強固な民族意識がある」——。こうした考え方がアラブ研究者の間では、長らく定説となってきた。

同じアラビア語で共通の文化と歴史を持つアラブ民族は、小分けされ、バラバラの国として独立するまで、一定の一体感を持ってきた。だから、西欧の植民地支配が終わって、人工的な国家の建設を乗り越えられれば、アラブ民族がひとつにまとまり、民族独立を果たすのは自然なことにちがいない——。一九五〇—六〇年代にアラブの統一を主張したエジプトのナーセル大統領が、国境を越えてアラブの人々の間で圧倒的な人気を博していたことを思えば、けっしてそれも、不可能な夢物語だと思えないのだ。

しかし、筆者がこうした「アラブ民族意識」のアラブ世界での強さを指摘すると、しばしば、他の地域を研究している人たちから反論を受ける。

「でもラテンアメリカでも言葉が同じだからといって、汎民族主義は流行らないよ」

パレスチナは共通の問題

アラブ人の間で常に事件や問題意識が一定程度共有され、政治が連動性を持つことの理

ヨルダン川西岸パレスチナ自治区ナブルスで。難民キャンプ内を走り抜けるイスラエル軍の戦車を見つめる人々（2002年）

由のひとつに、パレスチナ問題があると言ってよい。それぞれの国が内向きになり、国境の外の出来事に関心を失っていくなかで、しかしパレスチナで起きている出来事は常にアラブ人の気持ちをざわつかせる。

他のアラブ民族が、小分けでも国を得て独立し、いろいろ問題はあっても既存の国の国民意識で落ち着きつつあるなかで、同じアラブ民族たるパレスチナ人だけが、独立国家を持てずに放置されている。そして他のアラブ諸国はそのパレスチナの窮状に、何もできない。咽喉の奥に刺さった骨のように、パレスチナ問題が解決されていない、という現実は、アラブ人たちに「アラブが抱える共通の問題」を意識させ続けているともいえる。

本章では、中東のさまざまな紛争の根っこ

にあるパレスチナ問題を取り上げよう。

そもそも、「パレスチナ人」とは何なのか？　イスラエルとパレスチナの対立は、太古の昔から続いている宗教対立なのか？　だから異なる宗教の日本人にはそもそも理解不能な紛争なのだろうか？　そして、なぜこの問題が、イスラエル建国から六〇年以上の年月を経てもなお、中東全体と世界を揺るがせているのだろうか？

1　中東の人々のアイデンティティーを考える

そもそもアラブ人とは？

パレスチナ問題を論ずる前に、まずこの問題の核にある、中東地域の人々のアイデンティティーの変化を、歴史的に整理しておこう。

そもそも「アラブ人」とは何なのか？

『岩波イスラーム辞典』によれば、「自分もしくは先祖がアラビア半島出身であると意識してアラビア語を母語とし、先祖たちならびにイスラームが築いてきた文明的遺産を誇り、継承しようとしている人びと」とある。

混同されがちだが、同じ中東でイスラーム教徒が人口の大半を占めていても、ペルシア語を公用語とするイラン、トルコ語を公用語とするトルコは、「アラブ」の国ではない。

一方でアラブ人が「イスラームが築いてきた文明的遺産を誇」る、といっても、アラブ人＝イスラーム教徒だというわけではない。

特に、シリアやレバノン、パレスチナ、エジプトといった東地中海沿岸地域や、イラク北部にはキリスト教徒のアラブ人が多いし、イスラエル建国以前は、モロッコやイラク、イエメンに多くのユダヤ教徒が住んでいた。

キリスト教自体がパレスチナの地から発祥したことを思えば、七世紀にイスラームが中東地域に広がる以前から、この地にキリスト教徒が多いのは、不思議ではない。キリスト教徒やユダヤ教徒は、「啓典の民」として、歴史的にイスラーム国家のなかで自治を得て生活していた。アラブ人であることは、特定の宗教であることを意味しないのである。

「アラブ民族はひとつ」という思想

そのアラブ人たちの間で、「アラブ民族はひとつ」という思想が具体的な政治構想を持って動き始めたのは、第一次世界大戦（一九一四―一九一八）のころである。

大英帝国が第一次大戦に勝つために、オスマン帝国を内部から切り崩そうとしてメッカの太守《シャリーフ》、フサインを後押しし、彼らに「アラブの独立」を約束する（フサイン・マクマホン協定）一方で、ユダヤ人に建国の約束をし（バルフォア宣言）、実際にはオスマン帝国領土を英仏露の三国協商で分割統治する条約（サイクス・ピコ条約）を結ぶ、という、三枚舌外交を展開したことは、よく知られている。

このとき、オスマン帝国からの独立をちらつかされて利用されたのは、現在のシリア、ヨルダン、パレスチナやアラビア半島の紅海沿岸など、東アラブ地域出身のアラブ人たちだった。第一次世界大戦中、「アラブの反乱」が英本国政府の支援を受けたことは、第1章で述べたとおりである。

だが、なぜアラブ人たちはこの時期、民族意識を高めていったのだろうか？　その背景には、第1章で述べたような、「西欧列強の進出」が決定的な意味を持っている。

西欧という「黒船」の出現に、一九世紀後半以降、北アフリカからアフガニスタン、インドまでの広い範囲で、イスラーム共同体全体は、危機にさらされていた。アラブ人にとってであれ、ペルシア人にとってであれ、自分たちの祖国の危機にどう対処するか、という大問題が沸き起こったのである。この時期、イラン出身のジャマール・アッディーン・アフガーニーという思想家が、社会改革と祖国防衛を訴えてイスラーム世界を駆けめぐっていた。まさにイスラーム世界の幕末、イスラーム世界の坂本龍馬ともいえる傑物だ。

イスラーム共同体を立て直すにはどうすればよいか、あるいはそれに代わって新たな国づくりを行うべきか？　イスラーム教徒として、イスラーム国家であるオスマン帝国を最後まで支えるべきか？　否、オスマン帝国はトルコ人が主導して失敗したのだから、アラブ人こそがイスラーム共同体の長となるべきだ。いやむしろ、イスラーム国家という考え自体が古い、新たに西欧近代型の、民族主義に基づく国づくりを考えるべきではないか——。

「人工的な国分け」への反発とアラブ民族主義

こうした議論が百出する最中、第一次世界大戦が勃発した。しかし、「アラブの独立」を約束したはずの大英帝国は、戦争末期、フランスとともにオスマン帝国領土の山分けをさっさと進めてしまった。アラブ人の住む領域は、シリア、レバノン、ヨルダン、パレスチナ、イラクなどと小分けにして独立させ、シリア、レバノンと北アフリカ諸国は主としてフランスが、イラク、ヨルダン、パレスチナはイギリスが、直接、間接に統治した。

英仏の支配下におかれたことへの反発はもちろんだが、この「小分け」が、アラブ人たちのさらなる反感を買った。もともとアラブ人の住む世界には、軽々と境界を越えて移動することのできる、広がりをもった「ウチ」意識が共有されていた。それが国境によって隔てられ、それぞれ「イラク」とか「ヨルダン」とか、歴史的にはあまり馴染《なじ》みのない地名を冠した、人工的な国に分けられてしまったのである。

ここに、アラブ民族主義が出現した。キリスト教徒であれイスラーム教徒であれ、「アラブ民族」はひとつであるべきである。そのアラブ民族が、西欧の支配と分断を乗り越えれば、繁栄を実現することができるはずだ——。そんなアラブ民族主義が、後にエジプトにナーセルというカリスマ的な指導者を生み、シリアやイラクで政権党となるバアス党などのアラブ民族主義政党を生み出したのである。

そして、そのような西欧支配とアラブ分断の象徴となったのが、イスラエルという国の建国だった。

イスラエルの建国

アラブの分割とともに、第一次大戦中にイギリスが行った政策のなかで後世に禍根を残したのは、先に述べたバルフォア宣言である。一九一七年英外相のアーサー・バルフォアが、ユダヤ人の「民族的郷土」をパレスチナにつくることに合意する書簡を、在英ユダヤ人の名士ウォルター・ロスチャイルドに宛てて出した。しかしアラブ側は、パレスチナの土地は、当然フサイン・マクマホン協定で独立を約束されたアラブ王国の一部だ、と考えていた。ここでパレスチナの土地が、ユダヤ人とアラブ人の間で争われることとなった。

聖書の時代からパレスチナと呼び称されてきたこの土地は、近畿地方より少し狭い程度の面積でしかない。このわずかな土地に、第一次大戦後、ヨーロッパからユダヤ人が「建国」を目的にどっと移住していった。

だが、そこは人のいない土地だったわけではなく、すでにアラブ人たちが住んでいた。パレスチナの地に住むアラブ人、という意味で、現在パレスチナ人と呼ばれる人々である。

なぜもともと住む人々を排除してまで、ユダヤ人たちはパレスチナの地に「外」から来なければならなかったのか——。現在のパレスチナ問題の原因はそこに行き着く。

シオニズム思想

ユダヤ人による国家樹立、というシオニズム思想が生まれたのは、一九世紀後半、フランスで起きたドレフュス事件に衝撃を受けたテオドール・ヘルツルが、一八九七年に世界シオニスト機構を設立したのを契機とする。折しも西欧諸国は、ナショナリズムの時代だった。ヨーロッパの住民が「フランス人」「ドイツ人」と、国民としてのアイデンティティーを確保していくなかで、ヨーロッパのユダヤ教徒たちはそうした「国民」の枠から排除されていった。

そもそも、ユダヤ人とは、ユダヤ教徒のことであった。だから、宗教的にはユダヤ教徒でも、民族的にはさまざまに異なる。「ベニスの商人」に登場する「鷲鼻」ユダヤ人は、ヨーロッパでのユダヤ人像のステレオタイプだが、エチオピアのファラシャと呼ばれるユダヤ人は、褐色の肌を持つ。中国では開封に長らくユダヤ人共同体が存在していたが、彼らの容姿は他の中国人とほとんど変わらない。信仰と、何民族か、どこの国に属するかは、別のことのはずだった（ただし、母親がユダヤ人なら子供はユダヤ人、とされており、そのことで「血縁」的要素も無関係ではないのだが）。

ところが、近代ヨーロッパでの環境が、ユダヤ人たちを単なる「教徒」に留めさせなかった。ヨーロッパが国民国家の時代を迎えるのと並行して、ロシアやフランスなどでは、ユダヤ教徒に対する差別、迫害が広がった。ユダヤ人たちは、その宗教上のアイデンティティーゆえに、ヨーロッパの「国民」として平等に認められない、という辛酸を舐《な》めることになった。

今住む国の「国民」になれないのだとしたら、自分たちが自分たちの「国」と「国民」を作り上げるしかないのではないか。その差別される原因である自分たちの宗教上のアイデンティティー、つまりユダヤ教徒であることを、国民の要件としよう。すなわち、「ユダヤ教徒」を「ユダヤ人」にするのだ――。これがヘルツルのシオニズム思想だった。ドイツやフランスに住むユダヤ教徒は、ユダヤ教徒のドイツ人、ユダヤ教徒のフランス人を目指すのではなく、ドイツやフランスとは別の「ユダヤ民族」の国民を作り上げることを目指したのである。シオニズムは、勝《すぐ》れて世俗的――つまり、神の作りたもう宗教ではなく、人間の作るものとしてのナショナリズムの発想だった。

しかし、ヨーロッパ各地に離散していた、言語も生活環境も異なるユダヤ教徒たちをユダヤ人としてひとつの国にまとめ上げるには、どうすればよいのか。そのためには、強烈な統合のシンボルが必要だった。どんなユダヤ人も共有し、ユダヤ人性を掻き立てられるものはといえば、旧約聖書での記述である。神に選ばれ、神に土地を約束された、聖地エルサレムにかつて王国を誇っていたという、旧約聖書の「記録」は、信仰深い者もそうでない者も、ユダヤ人なら誰でも知っている共通の記憶だ。

聖書の記述だけが、ユダヤ人に国民としてひとつの目的を与えることができる。だからこそ、ユダヤ人の国を作るのは「約束の地」、つまりイスラエルの地《エレツ・イスラエル》でなければならなかったのである。「神に約束された土地」に国を作る、というアイディアは、宗教上の信仰心からの自然な発想というよりは、国民統合のためのシンボルとして、効果絶大だった。

要するに、パレスチナ問題は、巷《ちまた》に信じられているように、宗教対立が根源にあるのではないのだ。

イスラーム地域出身のユダヤ教徒「ミズラヒーム」

シオニズム思想、イスラエルの建国という考えは、もっぱらヨーロッパのユダヤ教徒たちの間で展開されていったが、ユダヤ教徒たちはヨーロッパだけに存在していたのではない。ローマ帝国以来、ディアスポラ（「離散」の意）となったユダヤ教徒たちは、地中海周辺からヨーロッパ、インド、アフリカから中国にいたるまで、世界各地にコミュニティを形成していた。

最も迫害の激しかったドイツ、ロシアなど東欧系ユダヤ教徒をアシュケナージと呼ぶのに対して、スペイン起源の地中海沿岸出身のユダヤ教徒をセファラディーという。アシュケナージ中心に建国されたイスラエルでは、アシュケナージがセファラディーに対して社会的優位にある。

セファラディーのなかでも、地中海沿岸からアラビア半島、ペルシア湾岸まで、イスラーム世界に住んでいたユダヤ教徒たちを、ミズラヒームという。その多くは、モロッコ、イエメン、イラク、トルコなどに住んでいた。オスマン帝国など歴代のイスラーム国家のもとで、キリスト教徒が共同体（ミッレト）を維持し、自治を得てイスラーム社会と共存していたように、ユダヤ教徒もまた、ユダヤ教徒共同体として独自の自治と文化を享受していた。

キリスト教徒も、ユダヤ教徒も、イスラームと同じ一つの神から「啓典」を授かった、「啓典の民」である。彼らは、イスラーム世界で納税の義務と引き換えに、庇護を得ていた。そうした背景から見ても、イスラーム世界に暮らすミズラヒームのほとんどは、ユダヤ人国家を建設すべきだというシオニズムの必要性を共有していなかった。

イラク戦争後、製作されたドキュメンタリー映画に、*Forget Baghdad*（邦題「忘却のバグダッド」二〇〇二年）という作品がある。ヨーロッパ在住のユダヤ教徒イラク人が、そのルーツをたどるため、イラクからイスラエルに移住したミズラヒームたちを訪ねる、という内容である。そこで赤裸々に映し出されるのは、イスラエルに移住して半世紀たってもなお、自分たちはアラブ人であると宣言してはばからないイスラエル人たちの姿だ。

彼らミズラヒームたちは、イスラエル移住後、アラブ出身だからということでヨーロッパ出身のユダヤ教徒からはさげすまれ、差別され、言葉を笑われた。映画の中で、インタビューされたイラク出身のイスラエル人がこういう――「今自分が住むこの村は、パジャマの村と笑われている。イラクにいたときは皆、午睡のあとはパジャマ姿でぶらぶらしたり、夜は屋根の上で寝るのが普通だったのに」

ヨーロッパではない、「劣った中東」からやってきたと見下される、顔つきも文化も異なるミズラヒームたちは、同じユダヤ教徒でありながら、ヨーロッパから来たユダヤ教徒に比べて、イスラエル社会のなかで下位に位置づけられたのである。

ミズラヒームが暮らすアラブ社会のなかで、ユダヤ教徒に対する差別がなかったわけではない。特にイスラエル建国の過程でアラブ人の間にユダヤ教徒に対する不信感が高まってくると、彼らに対する蔑視、迫害も起きた。しかし、ユダヤ教徒だけを集めて国を作る、というシオニズム思想が生まれるまでは、中東のユダヤ教徒のアラブ人たちは概して他の宗教共同体と共存していた。

そこにイスラエルができたことによって、ユダヤ教徒であることと、アラブ民族(あるいはペルシア民族やクルド民族)であることとの間に、二律背反性が生まれた。すなわち、自分のアイデンティティーとして、宗教か民族か、どちらかを選ばなければならなくなった。イラクやイエメンに暮らしていたユダヤ教徒、ミズラヒームたちは、イラク人やイエメン人であることを捨てて、「ユダヤ教徒であること」を民族と位置づける「ユダヤ人」として、イスラエル国民として、生きることを求められたのである。

イスラエルに暮らすアラブ人「イスラエル・アラブ人」

イスラエルに移住したユダヤ教徒の間でも多様性があるように、イスラエル国籍を持つ者のなかには、非ユダヤ教徒も存在する。イスラエル人＝すべてユダヤ教徒、というイメージを持ちがちだが、実はそうではない。

イスラエルという国は、建国時にそこに住んでいたアラブ人を追い出す形で成立したが、必ずしもすべてのアラブ人が出て行ったわけではない。残されたアラブ人たちも、イスラエル国籍を与えられ、建国直後には、イスラエル人口の一四パーセント弱を占めていた。二〇〇八年現在では、全人口の二割超にまで増えている。

イスラエルの憲法に当たる基本法では、イスラエル国を「ユダヤ人の国」であると同時に「民主主義の国」と規定しており、イスラエル国籍を持つ以上非ユダヤ教徒のアラブ人——その多くはイスラーム教徒だ——にも基本的人権は認められている。だが、実際にはイスラエル・アラブ人にアラブ民族としての文化的アイデンティティーを強く主張できる機会は与えられないし、国民皆兵制を取るイスラエルの国民であるにもかかわらず、兵役につく義務もない。イスラエル国家のために戦うほど国への忠誠心はないに違いない、との発想があるからだ。

イギリスのパレスチナ委任統治時代、イスラエル建国を準備し、世界に離散したユダヤ人たちを代表する機関として「ユダヤ機関」という組織がユダヤ人の間で結成された。この機関は、建国後も入植や移民の支援など、イスラエル政府以上にユダヤ人の生活を支えてきた。一九九〇年代にソ連やエチオピアからの大量のユダヤ人のイスラエル移住を斡旋、支援したのも、ユダヤ機関である。

こうした支援は、イスラエル国籍を持つ者すべてに対して行われるのではなく、ユダヤ人に対して行われる。そのことをふまえれば、非ユダヤ教徒のアラブ人やその他の少数民族が、ユダヤ機関が支えるユダヤ人たちに比べてさまざまな不利益を被っていることは、容易に想像がつくだろう。

アルジェリア出身のフランス人作家、ヤスミナ・カドラが二〇〇五年に発表した小説『テロル』は、そうしたイスラエルのアラブ人が置かれた境遇と抱える苦悩を、ヴィヴィッドに描き出した小説である。イスラエル国籍を持つアラブ人の主人公が、二級市民扱いされながらもイスラエル国籍というステータスにしがみついて昇進を目指している。その一方で、彼の妻は、突然テルアヴィヴの街中で、自爆してしまう。「なぜ妻が？」という問いを抱えて、主人公は占領地のパレスチナ人社会を訪ねていく。そして、同じアラブ民族である占領地のパレスチナ人たちの苦境に触れ、自らのアイデンティティーと、民族の誇りを問い直していくのである。

国民とはなにか

イスラエル・パレスチナ問題は、本質的には、「国民とはなにか」という深遠な問題に他ならない。ヨーロッパから始まった「ナショナリズム」という思想は、ある人々を「国民」と規定して凝集を強めていくものであると同時に、国民ではない人々を切り捨てることでもある。ある国民の規定から排除された途端に、入れなかった人々は、自分たちのための新たな「国民」概念を求めていく。そしてまた、別の人々を「国民」の枠からはじき出すことになるのだ。

その際、民族や宗教、文化や慣習など、本来多様な性質、多様なアイデンティティーを持った人々が「国民」になるためには、そのうちのひとつの要件だけを選び取らなければならない。

かつては、複数のアイデンティティーをうまく使いこなすことで、他者との接点を探し当てることができた。異なる民族同士でも宗教が同じだということを理由に共存し、部族が異なっていても話す言葉が同じだということで、和解しあうことが可能だった。

だが、近代国民国家の思想においては、「国民」アイデンティティーがすべてに優先する。それ以外のアイデンティティーは、背後に追いやられる。そのことは、かつて共存していた人々を、異なる民として切り捨てることでもあったのだ。

移住と衝突

話を第一次世界大戦の後に、戻そう。

バルフォア宣言で「民族的郷土」の建国を認められたヨーロッパのユダヤ人たちは、続々とパレスチナに移住した。第一次世界大戦が終わった一九一八年に、パレスチナに住むユダヤ人は六万人弱だったのが、イスラエル建国の二年前、一九四六年には一〇倍に膨れ上がっていた。移住者たちは、そこにいたパレスチナ人たちから組織的に土地を買い上げていった。その過程で、暴力的な衝突も増えた。

イスラエル建国にあたって、イスラエルが意図的、計画的にパレスチナ住民を建国予定地から追い出そうとした、とパレスチナ側は主張している。その代表的な例としてあげられるのが、デイル・ヤーシーン村の虐殺だ。この村で女性、子供を含む一〇〇人以上のパレスチナ人が殺害され、恐怖にかられた人々が故郷を後にするきっかけとなった。

イスラエルが建国されたことで、七〇万人にのぼるパレスチナ人が、住む家を追われて難民となった。それまで一二三万人以上住んでいたパレスチナ人は、建国後、わずか一六万人に減少した。彼らの住んでいた村や町は、破壊されて廃墟《はいきょ》と化すか、名前をすっかりユダヤ風に変えられた。

何が理不尽かといって、当のパレスチナに住んでいたアラブ人たちにしてみれば、「ユダヤ人の国を作る」などといった約束は、ヨーロッパが彼らの事情で行ったに過ぎなかったことだ。そんな無責任な約束事のツケが自分たちの生活に降りかかってこようとは、まったく青天の霹靂《へきれき》だった。一九四八年のイスラエル建国は、ヨーロッパから新天地を夢見たユダヤ人たちには歓喜の出来事だったが、パレスチナに住み、そこを追い出された人々にとっては、「ナクバ」、つまり大厄災に他ならなかった。

だが、イスラエル側は、パレスチナ人を追い出したことの不当性を真っ向から否定する。「パレスチナ人」とは、パレスチナに住む、民族的にはアラビア語を話すアラブ民族の人々である。アラブ民族はシリアやヨルダンや、他の国にたくさんいるのだから、パレスチナに住まなくとも他のアラブ民族の住む地でアラブ民族として生活すればいいではないか。「パレスチナ人」という固有のアイデンティティーを持つ人々など、存在しない——。こうした発想が、イスラエルの政治家の間で長く根づいてきた。

一方で、アラブ諸国は、ユダヤ人を規定しているのはそもそも宗教であって「民族」ではないのだから、ユダヤ教徒だけを集めて国民とするという発想はおかしい、と考える。オスマン帝国時代まで、ユダヤ教徒はイスラーム教徒と共存してきたのだから、アラブ地域にいるユダヤ教徒は、そのままアラブ民族のユダヤ教徒として生きればいいではないか。ドイツにいたユダヤ教徒は、ドイツでユダヤ教徒のドイツ人として生きればいいではないか。イスラエルの建国は、西欧のアラブ地域に対する植民地支配の一環に他ならない――。

つまり、お互いに相手が、国家を担う資格を持つ「国民」のレベルにはない人々だ、と考えて、存在を認めなかった。相手の存在を認めない、ということは、自治とか国家主権といったことを話し合う交渉の土俵にも上らない、ということを意味する。

こうしてアラブ・イスラエル紛争は、交渉などもってのほか、というところから始まった。それがお互い向き合って交渉のテーブルにつくには、一九九一年のマドリード会議を待たなければならないが、パレスチナ問題は、常に暴力による決着が先行した。

イスラエルが、もともと住んでいた住民を力ずくで追い出して建国される。そんなイスラエルなぞけしからん、といって、アラブ諸国がイスラエルに軍事攻撃を仕掛ける。イスラエルはパレスチナ人の村のひとつや二つ、簡単に圧《お》し潰《つぶ》して、圧倒的な力の優位を見せつける。ときには海外まで「遠征」して、パレスチナ人指導者を暗殺することだって、珍しくない。

パレスチナ問題は、なぜ「戦争」や「テロ」に彩られているのだろうか。ここでひとまず、双方で繰り広げられた戦争の経緯を概観することにしよう。

2 パレスチナ問題をふりかえる

「ゲリラ」から「テロ」へ

9・11事件やイラク戦争を経た現在、「中東」というと「戦争とテロ」のイメージが広く行き渡っている。中東を研究している学生のなかには、「帰省して家族に『中東を勉強している』と言うと、怪訝《けげん》な顔をされちゃって……」とこぼす学生もいた。

イラク戦争や9・11事件発生の前から、講義や講演などで「『中東』で思いつくイメージは何?」と聞くと、必ず聴衆の多くは、「戦争とテロ」をあげていた。少なくとも八〇年代までは、そこで思い浮かべられる「戦争」とは、「中東戦争」である。「第○次中東戦争」と名づけられる戦争は、アラブ諸国とイスラエルの間で、一九七三年までに四度にわたって行われた。一方、八〇年代以降の「戦争」といえば、イラン・イラク戦争や湾岸戦争、イラク戦争と、ペルシア湾岸に舞台が移る。

そこで、勘のよい学生は、こう質問する。「先生、なぜ中東と名がつく戦争は、七三年で終わっちゃったんですか?」

そこで筆者は、学生に「昔の日本の新聞で中東がどう報じられているかを調べなさい」と課題を与える。特に、七〇年代の中東の記事を調べてみなさい、と。

すると、ある学生がいいところに目をつけた。「先生、昔は『テロ』という表現があまりないけれど、かわりに『ゲリラ』という単語がたくさん出てきます」

そう、七〇年代、中東の紛争は「ゲリラ」に彩られていた。現在、中東での不安材料といえば、もっぱら「テロ」として報じられるが、七三年まで動乱の主役は、「戦争」だった。それが、七〇年代以降は非正規軍を意味する「ゲリラ」の登場回数が増える。そして今、「ゲリラ」は姿を消し、「テロ」という言葉が記事を独占しているのだ。

これは、どういうことだろうか。

つまり、このように考えられる。アラブ・イスラエル対立の問題が、最初は「戦争」として、次に「ゲリラ」として、最後は犯罪をイメージさせる「テロ」へと、その意味を矮《わい》小化《しょうか》されて報じられてきた、ということだ。さらに言い換えれば、こうだ――最初は国家が乗り出した形で「戦争」が続き、そのうち国家は紛争から手を引いたので「ゲリラ」戦になる。だが、「ゲリラ」戦にもならないくらい紛争当事者の片方が力を削《そ》がれたら、そして、それでも問題が解決していなかったら、戦う武器が自分の体ぐらいしかなくなってしまった――。戦争から「テロ」へ、という変化は、イスラエルとアラブの力関係の変化を如実に表している。

イスラエルの外交戦略「一国ずつの和平協定」

アラブ諸国は、一九四八年にイスラエルが建国を宣言すると同時に、いっせいにイスラエルに戦争を仕掛けた。だが背水の陣と構える建国したばかりのイスラエルは、この戦いに勝利する。続く一九五六年の第二次中東戦争では、第1章で述べたように、エジプトのナーセル大統領がスエズ運河を国有化して、政治的には英仏に一泡吹かせることに成功したが、軍事的にはやはりイスラエルの勝利に終わった。ついで、一九六七年の第三次中東戦争は、ナーセルがアラブ民族主義の旗手、アラブのリーダーとして絶頂期にあったにもかかわらず、アラブ側の大敗北に終わった。この戦争の結果、イスラエルはヨルダン川西岸地方（いわゆる「西岸」、以後「西岸」と呼ぶ）、ガザ地区というパレスチナ人地域を占領し、ゴラン高原をシリアから、シナイ半島をエジプトから奪って、占領地を拡大したのである。第四次中東戦争でも、石油戦略はアラブ側の成功だったが、軍事的に勝利をあげることはできなかった。

繰り返される戦争に対して、イスラエルの発想は単純である。

戦争とは、国と国の戦いである。戦争を避けるには、交戦相手であるアラブ諸国の、それぞれ一ヵ国ずつを個別に相手にして、戦争をしないという「和平協定」を結べばよい。なに、イスラエルに本当に戦争を仕掛ける能力があるのは、国境を接するシリアとエジプトぐらいである。この二国のように、イスラエルに隣接するアラブの国が、パレスチナ人のために戦争をするより、イスラエルと和平を結ばざるを得ないような環境を準備すればいいのだ――。

そのイスラエルの発想に、最初に乗ったのが、エジプトである。シナイ半島を占領されたエジプトは、パレスチナ問題の解決よりもまず自国の領土を取り返すことに必死になった。その結果、第四次中東戦争から四年後の一九七七年、当時のエジプト大統領のアンワル・サーダートは、イスラエルを電撃訪問した。キャンプデービッド合意として知られる、翌年の二国間単独和平合意につながる第一歩である。

一九七九年の二国間和平条約調印によって、エジプトとイスラエルの和平は成立したが、肝心のパレスチナ人は交渉から排除された。エジプトは自国利害を優先させたとしてアラブ諸国から非難を浴び、アラブ連盟から追い出されることになる。サーダートは「裏切り者」として、八一年に自国のイスラーム主義者によって暗殺された。

この、占領地を手放すことによって平和を確保する、という方法は、その後もイスラエルの政策の底流に流れ続ける。

出典：『イスラーム研究ハンドブック』472ページをもとに作成

1947年の国連による分割案　　1948年以降のイスラエルとパレスチナ

このあとで述べるオスロ合意（一九九三年）はパレスチナの暫定自治を認める内容だったが、それもまた、基本は、第三次中東戦争で獲得した占領地（西岸とガザ）をパレスチナ人に切り売りすることで、イスラエルの安全を確保しよう、との発想にあった。

アラファートPLO議長の登場

しかし、住む土地を失ったパレスチナ人にとっては、いくら土地を切り売りされても最終的に自分たちが住んでいた土地がすべて返ってくるわけではない。土地すべてを取り戻すためには、追い出されたパレスチナ人のイスラエル本土への帰還権が認められなければならない。そのためには、イスラエルという国が「ユダヤ人の国」ではなく、宗教と民族による差別のない国にならなければならないのである。

だが、第三次中東戦争でアラブ側は屈辱的ともいえる敗北を喫し、パレスチナ人は西岸やガザ地区すら失った。イスラエル建国によって住む場所を追われた人々の多くが、建国時のイスラエル領土を逃れて難民となって住んだのが、この西岸とガザだった。イスラエル建国の前年、国連のパレスチナ分割決議で「アラブ人地区」とされた、その場所である。なのに、その西岸とガザもまた、イスラエル占領下に入った。イスラエルに追い出された人々は、六七年以降、占領という新たな苦難を強いられることになったのである。

パレスチナ人にしてみれば、アラブ諸国がしかける戦争にばかり頼ってはいられない。自分たちでなんとかしなければ——。

一九六九年、ヤーセル・アラファートが、PLO（パレスチナ解放機構）議長に就任したのは、こうした状況のもとだった。PLOは、すでに一九六四年、アラブ諸国が構成するアラブ連盟によってパレスチナ人の組織として設立されていた。アラファートは、そのPLOを、パレスチナ人が自立的に運営するものとして再編したのである。

他国には頼れない、パレスチナの土地はパレスチナから追い出された自分たちが取り返す、とばかりに、彼らはゲリラ戦術を展開する。国家を背負う他国の軍隊が展開する「戦争」にまかせっきりにできないならば、国家を持てない彼らは「非正規軍《ゲリラ》」として戦うしか方法がないのである。武闘派ゲリラによるハイジャック事件が頻発したのも、七〇年代前半だった。

しかし、いくらゲリラ戦術をとるにしても、その活動拠点にはどこかの国の領土を頼るしかない。しかもイスラエルに近い国でなければゲリラ戦は展開できない。PLOが真っ先に活動拠点としたのは、一九九四年までヨルダン川西岸の領有権を主張し、国民の大半にパレスチナ人を抱える隣国ヨルダンだった。ヨルダン川を越えて、PLOゲリラはヨルダンからイスラエル領内に侵入する。

ＰＬＯゲリラの活動の激化は、拠点となるヨルダンへの国際的批判を呼んだ。パレスチナ・ゲリラの左傾化も、親米王国ヨルダンにとって脅威となっていく。結局ヨルダン王政は、一九七〇年九月、ＰＬＯを追い出す決断をした。激しい内戦ののちに拠点を追われたパレスチナ・ゲリラの一部は、内戦発生の月をもじって「黒い九月」という組織を結成、武力闘争を激化させる。なかでも一九七二年、ミュンヘン・オリンピック会場に侵入して、イスラエル選手団を襲撃し、その結果イスラエルの選手やコーチ一一名が死亡したことは、衝撃的だった。

このミュンヘン・オリンピック事件は、二〇〇五年にスティーブン・スピルバーグが映画化して再び脚光を浴びたので、聞いたことがある読者も多いだろう。この映画「ミュンヘン」が描くのは、オリンピック襲撃事件のあとのイスラエルの報復行動である。ヨルダンを追われたＰＬＯは、その後レバノンに拠点を移していた。そのレバノンやシリアにあったＰＬＯの基地や要人を、イスラエルは次々に攻撃したのである。

そして一九八二年には、イスラエルはレバノンに大規模侵攻を行う。レバノンを焦土にしてＰＬＯをかの国から追い出したのである。ちなみにレバノンという国は、もともと宗教、宗派集団間の微妙なバランスの上に成り立っていたが、パレスチナ問題の発生、難民の流入とともに七五年に内戦が起こっていた。そのようななかで起きたレバノン侵攻は、パレスチナ難民とともにイスラエルに徹底して抵抗する勢力、シリアやイラクと連携する勢力、はたまたイスラエルに協力する勢力など、レバノン国内の各派の分断、対立をさらに複雑化することになった。後で述べるが、この八二年のイスラエルのレバノン侵攻の瓦《が》礫《れき》のなかから、ヒズブッラーが生まれてくるのである。

占領地のパレスチナ人たち

「国に対しては和平交渉で戦争をさせないようにし、国を持つ資格のない相手は、つぶすか遠ざける」、というイスラエルの方針は、レバノン侵攻までは着実に成功していったように見える。

レバノンを追い出されたアラファートは、行き場なく地中海をさまよい、ようやく居場所を見つけた先は、地中海の彼方、チュニジアだった。だがチュニジアまで遠く離れては、ゲリラ活動のしようもない。ひっきょう、PLOにできることといったら、アラブ諸国や腰の重い国際社会相手に、外交活動を繰り返すことだけだった。

この状況が一転したのが、一九八〇年代末から九〇―九一年に起きた一連の事件である。

まず、第一に、イスラエルの占領下にある西岸とガザで、老若男女、市井のパレスチナ人たちが、ろくに武器もない状態で、素手の抵抗運動を開始した。それが第一次インティファーダ（民衆暴動）である。

占領地のパレスチナ人たちは、占領下で市民権もなく、教育機会にも恵まれず、移動も制限される生活を強いられていた。ありつける仕事といったらイスラエル本土での日雇い3K労働しかない。パレスチナ労働者がストを数日行ったら、イスラエル中で誰もゴミ収集をせず、国中がゴミだらけになった――。そんなふうに言われるほど、イスラエル経済は、その底辺を占領地住民によって支えられていた。

アラファートやその他在外のPLO幹部は、イスラエルの攻撃を避けるためには、遠くに離れていればいいかもしれない。しかし日々のイスラエル占領に苦汁をなめさせられている占領地のパレスチナ人たちは、そうはいかない。

天井のない牢獄のような占領地に押し込められた彼らは、占領から二〇年を経て、突然怒りを表す。解決の目処《めど》のつかない不満を抱えて、彼らは何の武器もない中、路上の石を拾って駐留するイスラエル兵士に投げ始めた。一九八七年一二月、イスラエル軍のトラックが乗合タクシーに衝突、パレスチナ人乗客が命を落とした事件を契機にして、子供や老人を含めたさまざまな占領地の人々が、立ち上がったのである。

インティファーダが始まって二年も経った頃、東欧では、市民の手によって共産主義体制が崩れはじめた。国際社会には、ベルリンの壁を壊す東独の市民と、重装備のイスラエル軍にたち向かういたいけなパレスチナの少年の姿が、自由の象徴として、重なって見えた。インティファーダが市民暴動とみなされたゆえんである。

占領地全土に広がったパレスチナ住民の反乱は、イスラエル経済を圧迫した。何年も、毎日のように続く暴動に鎮圧コストがかかり、またイスラエル経済の底辺を支えてきたパレスチナ人労働力が頼みにできなくなったからである。パレスチナ人の存在から目を背けても、インティファーダがイスラエル人の生活に影響していることは事実である。ではそこで暴れている若者は誰なのか？

ここにきてイスラエルは、占領地に住む人々の存在に目を向けざるを得ない状況に至ったのである。

アメリカはなぜパレスチナ問題に関わったか？

もうひとつの変化は、インティファーダ発生から三年後に起きた湾岸危機／湾岸戦争だった。湾岸戦争で、イラクがクウェート占領をイスラエルのパレスチナ占領に結び付けて、アラブ世界の歓心を得ようとしたことは前述したが、それをダメ押しするように、イラクは戦時中イスラエルにミサイル攻撃を行った。おりしもイラクの化学兵器保有が問題視されていた時期である。イスラエル国内はパニックに陥り、防毒マスクがイスラエル社会で飛ぶように広まった。

このことによって、イスラエルはこれまで追求してきた、「戦争を仕掛ける可能性のある国とは単独和平を」という考えを、根本的に見直さざるを得なくなる。戦争を仕掛ける国といえば、イスラエルと国境を接する国しか想定していなかった。しかし、イラクのように国境を接していなくても飛び道具でイスラエルを攻撃する可能性が出てくるとなると、事は複雑である。相手にすべき国は無限にある。単独和平を重ねても、きりがない。だとすれば、これらの国がイスラエルを攻撃する「理由」自体に、対処するしかない。「イスラエルがアラブの同胞パレスチナ人を抑圧している」ことを理由に、ありとあらゆる国から攻撃される危険性を抱えていては、リスクが大きすぎる。

そのリスクに敏感だったのは、イスラエルよりもむしろアメリカだった。おりしもアメリカは、湾岸戦争でイラクを攻撃したことで生じた、アラブ世界の反米ムードに対処する必要があった。湾岸戦争で広がった「アメリカは産油国クウェートは救うが、パレスチナは見捨てている」という印象を払拭するために、パレスチナ問題に対して積極的に関与する姿勢を示す。それが、一九九一年一〇月のマドリードでの中東和平会議開催につながったのである。

この会議が画期的だったのは、これまで一切同席することのなかったイスラエル政府とパレスチナ人——ヨルダンとの合同代表団だったとはいえ——が、初めて交渉の席についたことだった。

オスロ合意

だが、マドリード会議の最大の問題は、パレスチナの代表組織であるPLOが交渉から排除されていたことだった。

イスラエルにとっては、目の前の「ゴミ収集」をしてくれない占領地の住民だけが問題だった。インティファーダに参加する若者がおとなしくなってくれることだけが、和平交渉の目的だった。だが、パレスチナ人にとっては、彼らの「代表」はあくまでもPLOである。そのPLOは、湾岸戦争でイラクを支持したことで、国際的な地位を低下させていた。アラファート議長は、政治生命がつきかけていただけでなく、一九九二年には飛行機事故で命を落としかけもした。

そこでアラファートは、九三年、オスロでひそかに進められていたイスラエル・PLOの秘密協定に、起死回生を賭けた。これが暫定的に一部のパレスチナ地域で自治を開始するということを定めた、オスロ合意である。

1993年9月、米ホワイトハウスでパレスチナ暫定自治宣言に調印後のラビン・イスラエル首相（左）とアラファートPLO議長（右）。中央はクリントン米大統領

オスロ合意は、一九九二年ごろからひとりのノルウェー人学者が秘密裏にイスラエル政府、ＰＬＯ関係者の間を行き来し、これまで対話のなかった両者のパイプをつないだところから始まった。疑心暗鬼の両者を相手に、一年かけて準備工作を行い、九三年九月にとうとうイスラエルとＰＬＯの合意が成立した。国連でも、米英やロシアといった大国でもなく、ヨーロッパの小国ノルウェーが、不《ふ》倶《ぐ》戴《たい》天《てん》の敵同士の交渉を秘密裏に取りまとめたこの「オスロ合意」に、世界は仰天した。

むろん、画期的だったのは交渉経緯だけではなく、その内容だった。オスロ合意がこれまでの和平協定と異なっていたのは、最終的にパレスチナの地位をどうするかということや、三宗教の聖地エルサレムをどうするかといった根本的な問題を棚上げにして、とりあえずできるところから進める、という方法をとったことだ。

具体的には、こうである。五年間の暫定自治期間を設け、まずガザと西岸のエリコで自治を試行する。イスラエル軍はパレスチナ自治区から撤退し、占領地でのイスラエルの入植は止められ、並行してパレスチナ自治政府と議会に相当する評議会を設置し、自治区の内政、警察権を自治政府に引き渡す。エルサレムの位置づけやパレスチナ難民の帰還権、入植地や自治区の最終的地位などの難しい問題は、自治開始から三年目までに徐々に解決していけばよい――。

とにもかくにも交渉が前に進んだことは前進だとみなされて、合意した当事者のアラファートとイスラエル側のラビン首相、ペレス外相は、自治が開始された一九九四年のノーベル平和賞を受賞した。

だが、前に進めば進むほど、棚上げにした問題の難しさは、深刻さを増していった。そもそも、イスラエルの撤退や入植の停止は順調にはいかない。順調にいかないことに反発して、占領地住民の反抗も止まらない。一方、土地を返したのに平和が来ない、と考えるイスラエル人は、和平への期待を失っていく。

イスラエルが暫定自治に期待したものは、それまでとさほど変わらぬ、「土地と平和の交換」だった。

土地を返せば、相手はイスラエルを攻撃しないはずだ。相手を「国家」として扱えば、その「国家」は自国の武力をすべてコントロールしてしかるべきだ。だから、オスロ合意でPLOを自治政府、すなわち「準国家」と格上げした以上、その準国家はイスラエルを攻撃する国家であってはならない。パレスチナ人がイスラエルに敵意を持って攻撃するようなときは、パレスチナ自治政府がイスラエル軍に代わってこれを取り締まってくれなければ困る――。

自治政府を担ったPLOは、イスラエルに代わって「反乱取締り」の代行業を果たすか、パレスチナ住民のフラストレーションを代弁してイスラエルに「国家の資格なし」と相手にされなくなるか、という、ジレンマに陥ったのである。

細切れになっていく自治地域

さらに暫定自治が残した深刻な遺恨は、自治地域の細分化という問題だった。

西岸、ガザは、占領したときから返還することを想定して、無傷に保たれていたわけではない。「世界中のユダヤ教徒が安心して住める国」を理想とするイスラエルは、常により広い領土を必要とする右派の声を抱えてきた。西岸、ガザは、ソ連崩壊などで新たにイスラエルに移住したユダヤ人にとって、安価な居住地として入植の対象となってきたのである。

占領者が占領した土地に「入植」することは、国際法上は禁止されている。イスラエルに対して、入植を止めるように求めた国連決議は、繰り返し出された。だが、イスラエルは入植地を簡単に手放すわけにいかないと主張し、それどころか、ますます入植地建設を進めた。イスラエルが入植地を手放さない、となれば、パレスチナ側に返還できる土地は、面積的にも限られ、ズタズタに細分化されることになってしまう。

オスロ合意で予定された暫定自治期間の五年が終わる一九九八年、和平交渉の継続を定

細分化されたパレスチナ自治区域（2000年）

めたワイリバー合意が結ばれた。二〇〇〇年にはクリントン米大統領が、政権の最期を飾ろうとしてか、アラファートとバラク・イスラエル首相をキャンプデービッドに招いて、首脳会議を行った。ここで話し合われたのが、パレスチナの最終地位問題であり、国境をどうするかという点だった。

だが、このときパレスチナ側に提示された自治区の境界が、紛糾の種となった。イスラエルが入植地にこだわった結果、西岸は細切れにされ、自治区は飛び地の連続となり、とても一体性を持った領土とはいえない代物になってしまったのである。

パレスチナ側は、断固拒否した。パレスチナ側の拒否を見て、クリントンも腹を立てる。調停が調停にならないまま、交渉は決裂した。それを待っていたかのように、イスラエルの次期首相となる、当時野党のリクード党首、アリエル・シャロンが、最終地位交渉をあざ笑うかのように、エルサレムのイスラーム教徒の聖地、アルアクサー・モスクの敷地を突然訪問した。

挑発としか思えない「係争地への凱旋《がいせん》」に、パレスチナ住民は怒りを爆発させる。第二次インティファーダ、別名アルアクサー・インティファーダが発生し、衝突は暴力化の度合いを強めた。バラク首相は「アラファートを交渉相手とみなせない」と述べて、ここに「国家の資格を持つ者」同士の話し合いを前提にした交渉は、完全に頓挫《とんざ》するのである。

自治区ラマラでパレスチナ旗を掲げ、イスラエルの国境警備隊に投石するパレスチナ人（2000年）

分離壁で切り離されて

パレスチナは再び「テロの巣窟」とみなされ、二〇〇二年ごろからは入植地との間に巨大な分離壁（イスラエル側はフェンスと呼んでいる）が建設された。パレスチナは再び、イスラエルにとって「対面したくない相手」として、切り離されていったのである。

二〇〇五年にイスラエルはガザから軍を撤退させたが、パレスチナ政府の自治能力を信頼して撤退したのではなく、ガザでの抵抗があまりに激しく、占領にコストがかかるから、手放したのだ。

ただ放棄され、その後もイスラエルの経済封鎖によって人も物も移動を阻まれてい

パレスチナ自治区ガザ南部ラファで、イスラエル軍の攻撃により破壊された家屋の瓦礫を見つめるパレスチナ人男性（2009年）

る状況では、ガザがパレスチナ人の自治に任されたとは言いがたい。手に余って軍を撤退させ、イスラエル本土から切り離して放棄したにもかかわらず、ガザという牢獄からは、相変わらずパレスチナ人の不満と砲弾が飛んでくる。なぜ砲弾が飛んでくるのか？　それは、撤退したのだからそれで十分だろう、と中途半端にガザを放置したイスラエルに対する、占領は終わってないじゃないか、自治は得られていないじゃないか、という、パレスチナ人の不満の象徴なのだ。

その不満を押し込めようと、イスラエルはガザを、さらに視界の向こうに突き放す。二〇〇八年末から二〇〇九年年始めにかけて、イスラエル軍は、イスラーム主義勢力のハマースによる砲撃を理由に、激しい空爆をガザに対して行った。このときのガザのパレスチナ人の死者が一四〇〇人を超えたのに対して、イスラエル側の被害者は一三人である。あたかも、壁で見えなくしても壁の向こうから聞こえてくるパレスチナ人の反発に対して、その命を奪うしか声を聞こえなくする方法はない、と考えているかのような、攻撃であった。

このガザ攻撃が開始された当時、国際社会では、イスラエルを砲撃したハマースを糾弾する風潮が強かった。ハマースが持つ軍事組織が、イスラエルに武力攻撃を加える「テロ集団」という印象を持たれているからだ。

しかしガザでは、そのハマースは住民から広く支持を受けている。なぜなのか。第4章で詳しく述べるが、ハマースは占領地住民の生活を支えるような、さまざまな社会活動を行ってきている。それに、PLOなど既存の政治家たちに汚職や賄賂《わいろ》などの噂が絶えないのに対して、ハマースにはクリーンなイメージがあるからだ。

いや、それ以上に言えることとは、イスラエル本土に砲弾を打ち込むハマースに、ガザのパレスチナ人たちは、むしろガッツを感じている、ということだ。イスラエルが見たくなくても、ここパレスチナには生きた人々が住んでいる、俺たちをなんとかしろ、と叫ぶ。集中砲火を浴びてもなお叫び続けるハマースは、パレスチナ人の抵抗の象徴となっている。

3　アメリカはパレスチナ問題にどのように関わってきたか

アメリカの政権とイスラエルのロジック

話を一九九一年のマドリード会議に戻そう。

マドリード会議が画期的だったのは、イスラエルとパレスチナの代表団が初めて同席したというだけではない。前述したように、アメリカが和平交渉に積極的に動いた点が、それまでと大きく違っていた。アメリカはそれまでと異なり、イスラエルに強気で対応した。湾岸戦争でイラクがイスラエルにミサイル攻撃を行った際、反撃しようとするイスラエルをアメリカが止めたのだが、これはアメリカがイスラエルの行動を止めることができるのだ、という事例を作った。

一方でアメリカは、パレスチナ問題が絡めば、中東の他の国々が独裁を維持したり他国を侵略したりすることすら正当化されてしまう、という問題の深刻さに気づいた。湾岸戦争でイラクのフセイン大統領がパレスチナ問題を引き合いに出し、パレスチナ人、アラブ大衆の歓心を買ったのを見たからである。独裁者に口実を与えないためには、パレスチナ問題に積極的な関与を見せる必要がある。湾岸戦争後のイメージ・アップも含めて、こうしたことが、父ブッシュ政権の中東和平推進となった。

ところが、外交軽視といわれたクリントン政権の八年間を経て、息子のブッシュの代になると、アメリカは再び「イスラエルを止めない国」になってしまう。いや、止めないどころか、9・11事件以降のアメリカは、これまでになくイスラエルと立場を一にし、共同歩調をとるものとなった。イスラームを十把ひとからげに「敵」と考えた息子ブッシュ政権にとって、「アラブ・イスラームに囲まれて孤軍奮闘」しているように見えるイスラエルは、最大の共感相手となったのだろう。

なかでも注目すべき点は、ブッシュ政権の対テロ戦争のロジックが、イスラエルのパレスチナに対する攻撃を正当化する口実と、完全に重なっていたことである。まずは、「テロリストを匿《かくま》うものはテロリストだ」というブッシュの論理。ビン・ラーディンを匿っている（とアメリカが考えた）アフガニスタンのターリバーン政権を「テロリスト政権」とみなして、米軍は二〇〇一年一〇月にアフガニスタンに対する攻撃を行った。

そのアフガニスタン戦争の最中に、イスラエルは、占領地や国内で拡大するパレスチナ人の抗議行動を「テロ」と称して、ＰＬＯやハマースの幹部などを軍事攻撃した。

ここでイスラエルが展開した「パレスチナ自治政府はテロリストを匿っているから攻撃

対象となる」という論理は、まさにブッシュ政権の「対テロ戦争」の考え方そのものだった。二〇〇二年三月には、アラファート自治評議会議長のオフィス（つまり官邸）がイスラエルの空爆にさらされ、アラファートは一ヵ月以上にわたり監禁状態に置かれた。政治家個人を抹殺するために軍を使い、多くの民間人が犠牲になっても軍事行動を優先させる、という方法も、「生きていても死んでいても捕まえろ」と、ビン・ラーディンに対して西部の保安官さながらの命令を下した息子ブッシュの言葉を、なぞったかのようなやり方だった。

脅威は外からひっくりかえす

もうひとつ、「対テロ戦争」がイスラエルのパレスチナ政策と酷似した点がある。それは、「脅威になる可能性のある政府を外からひっくりかえす」というロジックである。

二〇〇三年、ブッシュ政権がイラクのフセイン政権を攻撃対象としたとき、その理由は「大量破壊兵器を持っているから」ということであった。だが、国連は最後までイラクに大量破壊兵器があるかどうか、懐疑的だった。実際イラク戦争後に、パウエル国務長官自身が「大量破壊兵器はなかった」と認めている。

つまり、ブッシュ政権がイラクで問題にしたのは、実際に脅威となる兵器を持っているかどうかではなく、持とうと考えている政治家が政権にいることだった。そして問題が兵器ではなく、兵器を持ちたがっている「人」である以上、軍事攻撃は、そうした考えを持っている他国の指導者を「排除」することに照準を合わせる。他国の政権を戦争によって変える——それが、フセイン政権を打倒する、と掲げたイラク戦争の目的だった。

このロジックは、オスロ合意が破綻して以降のイスラエルの政策にも当てはまる。イスラエルに平和を約束してくれる政府がパレスチナに誕生すれば、和平交渉を進める。だが、イスラエルの交渉相手としてふさわしくない相手であれば、軍事攻撃によって抹殺することもやぶさかではない。二〇〇四年に立て続けにイスラーム主義組織ハマースの指導者（アフマド・ヤーシーン、アブドゥルアジーズ・ランティィーシ）を「空爆」で殺害したのは、その代表的な例だ。

だが、それだけの攻撃を受けたハマースが、それから二年もしないうちにパレスチナ自治評議会選挙で圧勝を遂げたのは、イスラエルにとって大いなる皮肉だろう。

この点こそが、イスラエルとアメリカが見落としている重大な「対テロ戦争」の副産物である。つまり、外敵から力でねじ伏せられるたびに、勢力を伸ばしていくのは、たいていの場合、イスラーム主義勢力だ、ということである。潰しても潰しても、なぜ焦土からイスラーム主義勢力が立ち上がってくるのか。そのイスラーム主義の台頭については、第

4章で見ていこう。

アメリカの対中東政策

さてここで、誰もが首を傾《かし》げることに、次のような疑問がある。なぜアメリカは、いつも「イスラエルびいき」なのだろうか？

アメリカが常にイスラエル寄りだということは、ごく当たり前のように指摘されるが、ではなぜそうなのか、という納得のいく理由は、実際のところ、それほど自明ではない。アメリカの対中東政策は、必ずしも最初から、親イスラエル＝反アラブ、という姿勢だったわけではない。第一次大戦後にアメリカは、大英帝国の「三枚舌外交」を問題視してキング・クレーン調査団を構成し、パレスチナの現状を調査した。つまり、アラブ対大英帝国という対立のなかで、アメリカはむしろ調停者として期待されたのである。

イスラエルが建国されたとき、アメリカは真っ先にイスラエルの国家承認を行った。それが米・イスラエル関係の緊密さを表している、と指摘する意見もある。だがその数日後にソ連もイスラエルを承認していることを考えれば、決してアメリカだけが突出していた、というわけでもない。

そのアメリカが急速にイスラエル支援を強化するのは、実は一九七〇年代以降である。

この時期アメリカの対イスラエル軍事援助は急激に増え、第四次中東戦争以降は、年間二〇億ドルを越えるようになった。その原因は、冷戦構造のなかでイスラエルがアメリカにとって戦略的に重要となったからだ、と、しばしば指摘される。一九六〇―七〇年代、アラブ諸国が左傾化する傾向にあり、ソ連の脅威に対抗して西側諸国がイスラエルにてこ入れした、という見方だ。

しかし、冷戦が終了し、ソ連の脅威が中東から消えたあとも、アメリカのイスラエル支援は減少するどころか、さらに増え続けている。二〇〇六年までにアメリカがイスラエルに行った軍事援助は総額で六五八億ドル、経済援助は三二四億ドル。二〇〇八年の米国際開発庁（USAID）の援助実績では、イスラエル向け援助は二三八億ドルでアメリカの対外援助の一割強を占め、二位エジプト（一七一億ドル）、三位アフガニスタン（一一二億ドル）を引き離して断然トップである。冷戦終結後も、イスラエルを非難する国連決議にアメリカが賛成することはほとんどなく、多くの場合、拒否権によって決議自体が葬り去られてきた。

『イスラエル・ロビーとアメリカの外交政策』

いずれにしても、アメリカがイスラエルを支援しなければならない必然性は、あまり見つからない。そのことを初めて明言したのが、二〇〇七年に出版されて話題を呼んだ『イスラエル・ロビーとアメリカの外交政策』である。

この本のなかで、アメリカで第一線の国際政治学者である著者ジョン・ミアシャイマーとスティーヴン・ウォルトは、なぜアメリカがこうまでもイスラエルに肩入れする必要があるのか、と疑問を呈した。それだけではなく、イスラエルを過度に支援することはアメリカの国益に沿っていない、とまで言い切ったのである。イスラエルは冷戦期にはアメリカにとって重要な同盟国だったかもしれないが、冷戦終結でその重要性が失われた今、イスラエル支持には道義的な理由すらも見つからないと、彼らは述べている。

では、なぜ米政権は、国益にそぐわないのにイスラエルを支援し続けるのか。彼らによれば、それはアメリカの政策をイスラエル・ロビーが誘導しているからに他ならない。だが、アメリカでイスラエル・ロビーが幅を利かせ続けているのは、アメリカにユダヤ人人口が多いから、というわけではない。アメリカのユダヤ系マイノリティーは、金融界や映画界、出版界の中枢を担っている分、影響力の強さが目立つが、その人口は、実は全米人口の約二パーセントに過ぎないのである（ちなみに、イスラーム教徒のアメリカ人は、全人口の一パーセント弱と推定されてはいるが、近年ではユダヤ系人口を超えた、という推計もある）。

イスラエル・ロビーは、どのようにしてアメリカの政策決定に大きな影響を与えているのだろうか。それについての詳細な分析は、この本をお読みいただきたいが、この本自体、何度も出版社に出版を断られるなど、さまざまな障害があった。そのことが、アメリカでのイスラエル批判の難しさを象徴している。

ともあれ、ここで重要なことは、アメリカの対イスラエル支援の大きさが、米政権が中東和平に関して中立ではない、イスラエルびいきである、という印象を、アラブ諸国に強く残している、ということである。とりわけ9・11事件以降のブッシュ政権のネオコン（新保守主義者）とのつながり、イスラエル・ロビーや親イスラエルのキリスト教右派の米政権内での影響力が、イスラーム諸国でのアメリカの存在をますます「反イスラーム的」なものとして浮かび上がらせていった。

パレスチナ問題が、国際社会による和平交渉によってなかなか解決できないことの大きな原因が、ここにある。唯一の超大国アメリカの関与なしには、問題は解決しない。だがその超大国の調停は、常にイスラエル寄りの方向しか示さない――少なくとも、パレスチナ人やアラブ社会全体にそうみなされてしまう過去の実績が、たっぷりある。それが「和平交渉」と名づけられるものに対するパレスチナ人たちの不信感につながり、ひいては中東で反米感情を生みだしているのだ。

オバマの中東政策

では、心情的にも政策的にもきわめてイスラエルに近い立場にいたブッシュ政権が去り、アメリカにバラク・オバマ民主党政権が成立した二〇〇九年、アメリカの政策はイスラエル・ロビーと距離を置くことができたのだろうか？

オバマ政権の課題のひとつは、中東・イスラーム圏で地に落ちたアメリカの評判を立て直すことにあった。就任から三ヵ月後、トルコを訪れたオバマ大統領は、「アメリカはイスラームと対立しているわけではない」と述べて、イスラーム世界との和解を強調した。実父がケニア人のイスラーム教徒だというオバマ自身の出自もまた、「イスラームに身近な人物」という印象を与える材料となったといえよう。

次いで六月、カイロ大学で演説を行ったオバマは、中東和平の重要性やイランとの対話を前面に打ち出した。なかでも喝采を浴びたのは、イスラエルによる占領地での新規入植を認めない、と明言した点である。パレスチナ人の間で最も反発を買っていた西岸でのイスラエル入植地建設について、ブッシュ政権は、二〇〇四年にこれを黙認する発言を行っていた。これをオバマ大統領は、そのようなことは認めない、と否定したのである。

このことは、パレスチナ人だけでなく、中東のイスラーム諸国でオバマ評価を高める結果をもたらした。アメリカの調査機関ピュー・リサーチ・センターが実施している「ピュー・グローバル・アティテュード・プロジェクト」の世論調査によれば、カイロ演説後、パレスチナ人の間でわずかではあるがオバマ支持が増加し、逆にイスラエルでは不支持が増えている。

とはいえ、オバマ政権下で中東和平がすんなり進むというわけではない。九月にイスラエル、PLO双方をニューヨークに呼んで和平交渉を再開させようと促したが、イスラエルの強硬姿勢を崩すことができず、オバマ政権も腰砕けとなっていく。「新規入植反対」の方針も、二〇一〇年三月にバイデン米副大統領が珍しくイスラエルを強い調子で「非難」してはいるものの、揺れが目立つ。オバマ大統領就任前夜まで続いたイスラエルのガザ攻撃について、国連人権理事会がイスラエル非難審議を進めたときも、オバマ政権は反対姿勢を示した。

そもそも、アメリカの二大政党のうち、ユダヤ系を含めたマイノリティー票を支持基盤にするのは、民主党である。一般的には、共和党より民主党の方がイスラエル・ロビーの影響を受けやすいといわれている。

共和党であれ民主党であれ、アメリカのパレスチナ政策が改善されるものか——。こうした諦念は、オバマ政権成立以前から中東諸国に蔓延していた。前述した「ピュー・グローバル・アティテュード・プロジェクト」は、オバマ当選前の二〇〇八年にトルコやレバノン、ヨルダンといった国々で調査を行ったが、それらの国の回答の多くが、大統領が代わっても米政権の政策は変わらないか、逆に悪くなる、と冷徹に見ている。

それにしても、この徹底した中東での対米不信感は、何なのだろうか？　アメリカに対する信頼を、中東のイスラーム諸国が失ってしまったのは、アメリカがイスラエルびいきだから、という要因だけなのだろうか？　国際政治学者のサミュエル・ハンチントンが九三年に主張したように（その主張については第3章で詳しく触れるが）、それは西洋とイスラームの「文明の衝突」なのだろうか？

ここで重要になってくるのが、「冷戦」時代のアメリカの対中東政策である。すでに記憶のかなたに忘れ去られようとしている「冷戦」という時代に、実はアメリカの対中東政策は、イスラームという宗教的要素を利用した形で展開された。そこで築き上げられたさまざまな勢力とアメリカの歪んだ関係が、冷戦後の国際政治のなかで澱《おり》のように積み重なり、今の中東の緊張状態を生み出しているといえるのだ。

次章では、この「冷戦」が中東政治に与えた影響について、見ていこう。

第3章　冷戦という時代があった

エジプトのナーセル大統領は、1956年、スエズ運河の国有化を成し遂げ、国民の絶大な支持を集めた。同運河の北端の都市ポートサイドで群衆に歓迎されるナーセル

1　アメリカとソ連の時代

世界が「東」と「西」に分かれていた時代

一九九二年、世界のスパイ小説家たちは、途方に暮れていた。ソビエト社会主義共和国連邦、通称ソ連が崩壊し、敵役スパイの親玉がいなくなったからである。ソ連の秘密警察KGBを悪の権化に見立てて、アメリカのCIAあるいはイギリスの諜報部（MI）との間で丁々発止のスパイ大作戦を繰り広げる、その敵役が消滅してしまった。B・フリーマントルが描く型破りなイギリスのスパイ、チャーリー・マフィンは活動の場を中国に移し、スパイ小説の大御所ル・カレは、武器と麻薬の密売人を新たなターゲットにした。

実際、CIAやMIからは大量の失業者がうまれ、転職先の確保に四苦八苦したらしい。ちょうどその頃、筆者のところに中東情勢を尋ねにきた公安関係者が、こう言っていたのを思い出す。「いやあ、ソ連がなくなったので『共産主義』を敵として研究してもしようがないですからね。次は、イスラーム原理主義か、と（苦笑）」

ソ連がなくなったことは、スパイの世界だけではなく、世界のありとあらゆる構造を揺るがした。第二次世界大戦以来、半世紀にわたって国際政治の「常識」となってきた「冷戦構造」が終焉を告げたのだ。一九八九年のベルリンの壁崩壊から、一九九一年のソ連崩壊までの動乱は、世界を一変させた。

一九一七年のロシア革命で帝政ロシアを倒し、世界で初めての「共産主義」の国として成立したソビエト社会主義共和国連邦。正式名称にある「ソビエト」とは評議会の意味だが、その「ソビエト」を通じて、労働者がすべての権力を握る「階級のない社会」を目指す——。そんな理念を掲げたソ連は、いまや一五の共和国に分かれてしまった。ソ連の傘の下にあった東欧諸国は、市場経済にどっぷりと浸かって次々にEU（欧州連合）加盟を果たしている。ソ連という国が存在し、共産主義圏の大ボスの座に君臨していたことなど、記憶のかなたに消えかけている。

しかし、その「冷戦」とは、いったい何だったのだろうか。

冷戦時代は、日本も含めた西側諸国の旅行者が、ソ連など東側の共産主義諸国に簡単に旅行に行けるような時代ではなかった。筆者が昔中東を訪れたとき、当時最安値だったソ連のアエロフロート航空（現アエロフロート・ロシア航空）を使ったが、モスクワにトランジットで一泊したときのホテルは、まさに収容所に監禁されたかのようだった。空港職員が旅行者を見る眼は、一様にこんな感じである。「こいつら、西側のスパイじゃないだろうな?」

なぜ「東」と「西」の間が、簡単に行き来できなかったのか。そもそも「東」はどこで、「西」はどこだったのか。そして、本書の本筋に戻れば、その東西の間で「中東」はどういう位置づけにあったのだろう。

二大ボスが世界を回す

「冷戦」。『国際政治事典』(弘文堂)の定義によれば、「第2次大戦の戦後処理をめぐる意見の対立から始まり、米ソ間、もしくは資本主義陣営と社会主義陣営の間で1991年ごろまで続いた、戦争を伴わない敵対的状態」となっている。

第二次世界大戦後、英仏などヨーロッパ植民地主義諸国が後退し、アメリカとソ連が超大国として国際政治に覇を唱える中、世界はこの二大大国が掲げるイデオロギーの、どちらにつくかに二分された。単なる地政学的な覇権抗争ではない、アメリカと西欧の掲げる自由主義・資本主義と、ソ連、東欧の掲げる共産主義・社会主義の、理念をめぐる対立である。ソ連は欧米の資本主義体制を非人間的なものとみなし、共産主義革命によって打倒されるべき存在と位置づけ、一方の欧米は、ソ連の共産主義体制を、人間の自由を抑圧する独裁と位置づけて、お互いを非難し続けた。

とりわけ、この対立はヨーロッパを真っ二つに割ることとなった。

第二次大戦終結直後、ヨーロッパの東は共産主義圏に、西は資本主義圏に入ったのである。その地理的な分裂から、冷戦は「東西対立」と呼ばれた。対立の前線となったドイツは東と西に分断され、東ドイツにあるベルリンのど真ん中に、東西を分ける「壁」が築かれた。東ベルリンは東ドイツの首都、西ベルリンは西側の管理する地区となったのである。当時の英首相のチャーチルは、このヨーロッパの東西を隔てての対立を、「バルト海からアドリア海まで、鉄のカーテンが降ろされた」と表現した。西側は、アメリカを中心にＮＡＴＯ（北大西洋条約機構）、東側はワルシャワ条約機構という集団安全保障機構を設立し、軍事的に対抗しあった。

ヨーロッパだけではない。米ソという二大ボスは、それぞれの軍事力や経済力を背景に、次々に世界に子分を増やしていった。資本主義と共産主義というイデオロギーによって、世界は二分され、ベトナムではベトナム戦争が、朝鮮半島では朝鮮戦争が、同じ民族の間で繰り広げられた。

そして、この二大ボスは、圧倒的な数の核兵器を保有していた。互いの咽喉元《のどもと》に最終兵器を突きつけて、妥協のない対立関係を維持するが、自分たちは直接戦わない。そのかわり、アジア、アフリカの子分たちが「代理戦争」を遂行する。それが、「冷戦」が「冷たく」あり続けた理由だった。

なぜ今冷戦時代について考えるのか？

さて、なぜ中東を理解するのに、「冷戦」の話をしなければならないのか？

これまでの中東研究では、どちらかといえば、こうした米ソ対立の直接の影響を受けずにきた地域だ、と理解されてきた。そもそも中東の諸問題の根源であるパレスチナ問題は、植民地政策と領土の問題に原因があって、冷戦の代理戦争ではない。だから、冷戦が終われば自動的に解決する、といった問題ではなかった。中東には社会主義政策をとった国も多かったが、東欧のように、完全に東側ブロックに組み込まれた政権はなかった。

だが、最近になって、冷戦構造とその崩壊が中東の政治に与えた影響は意外に根深い、という議論が出てきた。たとえば、米コロンビア大学で教鞭《きょうべん》をとるパレスチナ史専門家のラシード・ハーリディは、最新作『危機の種を撒《ま》く』で、「アフリカやラテンアメリカ……、中東は、冷戦の亡霊とも呼ぶべきものに特徴づけられてきた」と述べている。

では、冷戦は中東の諸問題に、どういう関わりがあったのだろうか？　なぜ、中東の現在を理解するために、（死んだはずの）冷戦の「亡霊」を考える必要があるのか？

冷戦が中東に残した禍根――。その第一は、冷戦期に二大ボスが、敵を追い詰めるために中東で使った「子分たち」の問題である。イギリスの国際政治学者フレッド・ハリディーの議論を引用しよう。

「現在中東を含む西アジアが抱える問題は、冷戦が生んだ二つのゴミに起因する。ひとつのゴミは、ソ連から垂れ流される核開発技術や原材料などの大量破壊兵器の拡散で、もうひとつのゴミは、アメリカがソ連の影響力を拡大させないために各地で起用したギャング――ビン・ラーディンやサッダーム・フセインのような――だ」

そう、二一世紀に入って国際政治を騒がせている中東起源のさまざまな事件の背景を探ると、実はその多くが、冷戦時代に米ソの勢力抗争のなかで戦略的に巻き込まれ、利用された人々によって起こされていることがわかる。

冷戦構造においては、アメリカもソ連も、敵方のボスを倒すためには、なりふり構わず、使える手下は誰でも使った。アフガニスタンに侵攻したソ連軍を追い出すために戦った、ビン・ラーディンのようなイスラーム戦士たちは、まさに代理戦争のために起用された、アメリカの子分だったのだ。ブッシュ政権の「テロとの戦い」は、実はそうした元「子分」を処分する過程だったといえよう。

超大国を操作する技術

冷戦が残した二つ目の禍根は、中東諸国が二項対立を利用した超大国操作術に依存し、そこからなかなか脱却できないことである。

冷戦期に限らず、中東は歴史的に大国のライバル関係のもとで、したたかに生き延びる術《すべ》を求め続けてきた。かつてはオスマン帝国時代、オスマン帝国とそこに進出しつつあった西欧列強との対立関係を利用し、植民地時代には英仏独のライバル関係を利用し、そして冷戦時代には米ソの対立を利用して権力基盤を築き、生き延びていった。

その生き延びるための処世術は、ひと言で言えばこうだ。「世界には二大ボスがいる。そのボスたちの抗争をうまく利用して、いかに自分たちが求めるものを手にするか」。どちらかのボスにつくのではない、その間で自分たちのポジションを確保しようとする、というやり方だった。

だが、冷戦構造の終焉《しゅうえん》によって、突然二大ボスの片方がいなくなると、両者の対立に利用され利用しつつ台頭してきた勢力は、困ってしまった。

残った唯一のボスに追随するしか選択肢はないのか――。エジプトなどの現実的な政治家たちは、アメリカという唯一の超大国につくことを選んだ。

あるいは、新たなボス候補を登場させて、唯一のボスであるアメリカに対抗させたらどうだろうか、と考える者もいた。日本やロシアや中国あたりは、どうだろう――？
筆者は九〇年代、エジプトに滞在していたとき、現地の知識人からしばしばこう言われたものである。

「日本はなぜアメリカに対抗して、アジアのリーダーにならないのかね？　冷戦終結後、アメリカの一極支配が続いているが、これは不自然だ。アメリカに対抗できるライバルが必要で、日本は十分その力量があるではないか。そうすれば、アラブ諸国は日本に乗るよ」

残った唯一のボス・アメリカにがつんと言ってやれる国がどこにもない、とわかると、今度はボスに挑戦することで名を上げようとする者たちが出現した。それこそが、ビン・ラーディンやサッダーム・フセインといった、冷戦後の中東政治をかき回した人物である。

「二大ボス間の戦い」の時代から「仮想敵との戦い」の時代へ

冷戦の禍根として最後にあげられることは、この二大ボスキャラという設定が国際社会自身にも定着したことである。

ソ連が消えても、どこからか新たな敵が現れるに違いない。それはきっと、イスラームに違いない、と考えたのが、第2章末で触れた国際政治学者のサミュエル・ハンチントンである。ソ連崩壊後に発表した論文「文明の衝突」で、彼は、冷戦というイデオロギー対立が終わったあとは、世界は西洋文明とか中国儒教文明とか、文明で対立すると主張した。そして、西洋文明にとっての次なる敵は、イスラームだ、と指摘したのだ。

その新たな二項対立を具体的な外交政策に適用したのが、息子のブッシュ政権だった。「我々につくか、テロリストにつくか」。世界を強引に、テロと民主主義に分けて、「対テロ戦争」を推進した。

こうして見ると、冷戦期、世界と中東に叩き込まれた「二大ボスキャラの戦い」という認識が、冷戦が終わっても底流で続いていることがわかる。中東諸国の指導者たちは、うまくボスの間で生き延びていく時代が終わって、突然「子分潰し」の対象にされる羽目になった。それればかりか、イスラーム世界が、今度は、唯一ボスに挑戦する「仮想敵」の役回りにされてしまった。

なぜこのようなことになったのか？　それを知るために、まず冷戦のなかで中東諸国がどう立ち回ってきたのかを見ていく必要がある。なぜ、「冷戦のゴミ」が生み出されたのか？　誰が、どのようにして「冷戦のゴミ」になったのか？　なぜそこから激しい「反米」感情が、爆発的に広がっていったのだろうか？

旧ソ連の境界線（1975年）

2　北辺防衛のための国々——トルコ、イラン

ソ連の南下をどこで防ぐか

前ページの地図を見ていただきたい。ソ連という国は、どの国と国境を接していたのだろうか？

前述したように、ソ連の脅威は、ヨーロッパで最もひしひしと感じられるものであった。だが、ソ連・東欧の共産圏が、実にトルコからアフガニスタンまで、南側の国境で中東諸国と長い境界を接していたことは、つい忘れられがちである。

それら「ソ連国境」にあった国が具体的にどこかといえば、それはトルコ、イラン、そしてアフガニスタンだ。冷戦期、ソ連と陸路で国境を接した非社会主義国は、フィンランドとノルウェーの北欧二ヵ国を除けば、この三ヵ国しかなかった。その意味で、この三ヵ国が冷戦時代に果たした役割は、たいへん大きかった。

ソ連の軍事侵攻というアフガニスタンで起きた大事件については、のちほど詳しく述べるとして、ここではトルコとイランを見ていこう。この二つの国は、対ソ防衛ラインの最前線として、西側社会からどのような期待を背負っていたのだろうか。

冷戦時代、西側諸国が懸念した最悪の悪夢はといえば、中東と接する長い国境を越えてソ連が南下し、ペルシア湾岸の油田地帯を独占する、というものだった。

ロシア帝国の昔、一八世紀後半から一九世紀にかけて、ロシアにとってイラン、アフガニスタンから中央アジアは、大英帝国との間で「グレートゲーム」と称される帝国主義列強間の覇権抗争を展開する場であった。またロシア帝国は、真冬にも凍らない不凍港を求めてクリミア半島から黒海へと南下する過程で、黒海の対岸にあるトルコ（当時のオスマン帝国）と繰り返し衝突した。

そのロシア帝国の地政学的な制約を引き継いだソ連もまた、南への関心を抱き続けた。ソ連の中東への「近さ」が、露骨な軍事行動として表れたのは、第二次世界大戦直後である。戦争末期にソ連軍がイランに進駐。北部を占領して、南部に進駐した英軍と対峙していたが、ソ連軍は戦後も撤兵せず、イラン北部の少数民族がイランから分離独立するのを促した。その結果、イラン国内のアゼリー民族がアゼルバイジャン共和国を、クルド民族（後に詳しく述べる）がマハーバード共和国を建国したが、ソ連が撤退すると両国ともあっけなく潰《つい》えてしまった（ちなみに、後者のマハーバード共和国は、国なきクルド民族が初めて国を持った一夜の夢として、今でもクルド人の記憶のなかに生きている）。

このような現実の脅威を目の前にして、西側諸国としては当然、ソ連と国境を接する中東の国々をしっかり西側陣営に組み込んでおきたい、と考えた。まずは東欧、ソ連のすぐ南に位置し、黒海から地中海への出口となるボスポラス海峡、ダーダネルス海峡を抱えるトルコが最重要だ。一九四八年にアメリカが対トルコ経済協力協定を結び、その四年後にトルコは、NATOに加盟した。

トルコはアジアかヨーロッパか?

ところで、よく聞かれる質問に「トルコはアジアなのか、ヨーロッパなのか」というものがある。

実際、かつてオスマン帝国の首都だったイスタンブルは、ボスポラス海峡を挟んでヨーロッパ大陸と小アジア地方にまたがっている。ヨーロッパ側の国土が全面積のわずか三パーセントだとはいえ、ヨーロッパに領土を持つ国がヨーロッパ、と定義するコペンハーゲン基準に基づけば、トルコもヨーロッパだ。サッカーのワールドカップでもヨーロッパグループだし(ちなみにイスラエルもそうである)、国連経済社会理事会では欧州経済委員会(UNECE)に加盟している(国連西アジア経済社会委員会は、もっぱらアラブ諸国しか加盟していない)。その一方で、国連統計はトルコを「西アジア」に区分しているし、わが国の外務省のホームページでは、「中東」をクリックするとトルコが出てくる。トルコがヨーロッパなのかアジアなのか、という地理的定義は、勝《す》ぐれて政治的なものなのだ。

このトルコの地理的二義性が最も政治性をはらんで議論になっているのが、EU加盟問題だろう。EU加盟を求めるトルコ政府に対して、EUは資格要件に達せずとして、加盟交渉はなかなか進展していない。EUがトルコの加盟を渋るのは、キプロス問題（一九七四年、キプロスのトルコ系住民保護の目的でトルコ軍が北キプロスを占領した問題）や、アルメニア人虐殺問題（第一次大戦中、オスマン帝国下で少数民族アルメニア人が強制移住・虐殺された事件）などがあるからである。

だがその実、イスラーム教徒が人口の大半の国をヨーロッパとみなせるか、という、ヨーロッパ社会のキリスト教性を暗黙の了解とした、「ガラスの天井」があるとも言われる。ヨーロッパを守る反ソ防衛網に協力してきたのに、「ヨーロッパの家」には異教徒は入れないのか、という釈然としない思いが、現在に至るまで、トルコの国民感情にはある。

冷戦時代のイラン

さて、トルコとともに、西側諸国の対ソ防衛の核となったのが、イランだ。

「皇帝」を意味するシャーによって統《す》べられたイランは、その石油資源をはじめとして長らくイギリスの間接的支配を受けてきた。第二次大戦後、イギリスが中東から退場したあとは、アメリカがその後見役を引き継いだ。七四二〇万人という人口規模（二〇〇八年）や、日本の約四・四倍という国土の大きさ、世界第二位ないし三位の石油埋蔵量など、最も潜在的な可能性を持つ地域大国だから、この国を同盟国として西側に引き止めておくことは、重要なことだった。

西側がイランを自分たちの陣営に留めておくことにどれだけ熱心だったか、をよく示したのが、一九五三年のモサッデク政権転覆事件である。一九五一年、イランのモサッデク首相は英資本が支配するイラン石油の国有化法案を議会で可決した。圧倒的なイラン国民の支持を受けたこの決断に、米英は激怒。結果、CIAを使ってモサッデクを首相の地位から引きずり下ろし、親米一辺倒のシャー政権を復活させたのである。

この事件は、その後長く、アメリカがいかにあの手この手で他国の内政に介入するか、CIAがどのように他国の政権を操るか、ということを証明する事件として、イランのみならず民族主義者たちに引用されてきた。中東の多くの国で、不可解な事件をすべてCIAのせいにするような、「CIA陰謀論」が流行《はや》る原因にもなった。

湾岸の憲兵

西側の反ソ防衛の拠点として重視されたイランは、「湾岸の憲兵」とも呼ばれて、米英に代わりペルシア湾岸の安全保障を担う役割を果たした。対ソ防衛という直接の役割とともに、五〇—六〇年代に次々に左傾化していったエジプト、イラク、シリアなどのアラブ諸国に対して、これを牽制《けんせい》する役割も負っていた。

特にイランの役割が重要になるのは、一九五〇年代後半以降である。

最初に中東の「左傾化の脅威」が切実に受け止められたのは、一九五二年のエジプト革命であった。一九五六年の第二次中東戦争で頂点に達したナーセル・エジプト大統領の勢いに、アメリカは危機感を抱いた。当時のアイゼンハワー米大統領が「国際的共産主義の中東への進出を阻止すべし」という、有名なアイゼンハワー・ドクトリンを発表したのは、その翌年の一九五七年である。

一方で、イラクは当時、親英のハーシム王政を擁していたが、一九五五年、トルコ、イラン、パキスタンとともに、イギリスが主導する強力な親西側同盟であるバグダード条約機構を結成していた。だが皮肉にもアイゼンハワー・ドクトリン発表の翌五八年、イラクに革命が起きて、ソ連寄りの政権になってしまう。バグダード条約機構は崩壊、以降は残されたイラン、パキスタン、トルコの間で、「中央条約機構」と改称されて存続した。

ここからイランは、西側諸国の利益を代弁して、社会主義イラクを見張る立場になったのである。もともと隣接する二国の間には、古くから領土問題、民族間対立があったが、そこに東西冷戦構造が絡んできたのだった。

社会主義化したイラクが勢力を伸ばさないために、親米イランはどうするか。このとき、牽制材料に使われたのが、両国にまたがって居住するクルド民族だった。

クルド民族は、ペルシア語系の独自の言語クルド語を持ち、トルコやシリアも含めると三〇〇〇万人近く存在すると推測される。第一次大戦以降、それぞれの国で自治、独立運動を展開していたが、特にイラクでは頻繁に反乱を起こしてきた。六〇年代末、イラクでアラブ民族主義のバアス党政権が成立して以降は、イランのシャー政権は、イラク国内のクルド反政府勢力を支援し、イラク政府に圧力をかけてきたのである。そのシャー政権の背後には、CIAがいた。

隣国の横槍に辟易《へきえき》したイラクのバアス党政権は、七五年、クルド民族主義運動を鎮圧するためにシャーに頭を下げて、対クルド支援を停止してもらう。これが、のちにイラン・イラク戦争の原因にもなった「アルジェ協定」だが、このときイラクはイランに対して領土面で大きく譲歩した（ちなみにクルド勢力は、イランが援助をやめたとたんに、総崩れとなった。当時のクルド民族運動の英雄、ムスタファ・バルザーニーは、イランのシャー政権とCIAの庇護を受け、最初イランに、次にアメリカに亡命して、余生を終えた）。

このように、シャー時代のイランは、頼もしいアメリカの右腕だった。アメリカは、その片腕を失うことになるとは、ついぞ考えもしなかったに違いない。

ところがその磐石と思われたシャー体制が、一九七九年、イラン革命で倒れてしまった。イラン革命の原因については、次章で述べるが、モサッデク以来積もり積もっていたアメリカの内政干渉に対する不満、シャー政権の弱者切り捨てや独裁体質に対するイラン国民の反発が爆発して、革命に発展したといえよう。アメリカ支配に対する実質的な民族独立革命だったといってもよい。

ここにアメリカの対ソ防衛網は、完全に破綻する。ソ連の南下を防ぐ防波堤だった中央条約機構は、七九年にイランが抜けることによって、崩壊状態に陥った。

ソ連がいつ何時、南下侵攻してくるかもしれない。イランを越えたら一気に、ペルシア湾岸の石油資源の宝庫に到達する。アラブ地域ではイラク、エジプト、シリアと民族主義政権が並び、アラビア半島の南端には、アラブで唯一の共産主義国家である南イエメンと、南イエメンと対立はしているが社会主義路線をとる北イエメンがある。サウディアラビアと湾岸の産油国を親ソ・社会主義諸国が取り囲み、ソ連が直接介入してくるのは時間の問題だ——。そのアメリカの危機感を証明するような大事件が、同じく七九年の末にアフガニスタンで起こるのである。

そのソ連のアフガニスタン侵攻を見る前に、少し、六〇年代、七〇年代のソ連の中東政策について、触れておこう。

ソ連の戦略「民族主義政権を取り込め」

実のところ、共産主義国ソ連の中東諸国に対する対応は、一貫してあいまいなものだった。

そもそも、イスラーム諸国の間では、共産主義政権を樹立した国は、南イエメンくらいしかない。イラクでは、一九五八年革命で共産党が活躍したが、政権には閣僚が数名参画した程度だった。社会主義路線をとった国は、エジプト、シリア、イラク、アルジェリア、チュニジア、北イエメンなど、かなりあるが、純粋なマルクス・レーニン主義型の社会主義というより、社会公正・平等を重視したアラブ社会主義を標榜《ひょうぼう》した。

アラブ、イスラーム社会で共産主義が他の途上国に比べて広がらなかった理由として、宗教的理由があるとも言われる。宗教を完全否定する唯物論は、イスラーム社会の一般民衆にはなかなか受けいれがたいものがあったのかもしれない。

とはいえ、世界どこでもそうだが、六〇年代には、「左翼」にかぶれることがイコール知識人だ、というムードが、中東にも漂っていた。六〇年代にティーンエイジャーだった中東の知識人の間には、宗教的名家に生まれながら反動で唯物主義に走った、という者が少なくない。

共産主義思想が受けいれられにくい地域に、どうやって影響力を行使していくか、ソ連は悩んだ。共産党だけを支援していては、国際社会でのアメリカの影響力に負ける。

そこでソ連共産党は、五〇年代後半、共産党のみならず民族主義政党を支援してこれを取り込む、という方向に政策を変えるのである。当時のフルシチョフ書記長は、アジア、アフリカの民族解放運動を積極的に支持すべし、と主張したが、ここで想定された民族主義政党とは、第2章でも触れたアラブのヒーロー、エジプトのナーセル政権である。

ナーセルは最初から反米だったわけではない。むしろ共和制革命後は、アスワン・ハイダムの建設など、英仏との対立によって止まった経済援助の提供元を、アメリカに求めていた。だがイスラエルとの関係を考慮して援助を渋るアメリカを見て、五五年、ナーセルはチェコ経由でソ連製の武器の購入を決める。これがアメリカの警戒心をさらに刺激して、エジプトはますますソ連に寄っていく。エジプトは一九七一年に対ソ友好協力条約を締結し、イラクも翌年、同様の条約を結んだ。

アメリカの関心を引くための「ソ連カード」

とはいえ、ソ連に援助を求めることがそのまま、これらの国が東側陣営に組み込まれたということを意味するのではなかった。実際、ナーセルのあとを継いだサーダート大統領は、友好条約締結の翌年には、ソ連の軍事顧問団を退去させている。この後サーダートは親米のサウディアラビアと接近し、第四次中東戦争以降は経済開放政策を取り入れて、経済的、外交的にソ連離れを進めた。

またイラクでは、一九六八年に政権をとったアラブ民族主義のバアス党が、ソ連の協力を得て、石油産業の国有化、経済立て直しに成功した。だがこのバアス党、実はイラク共産党の天敵ともいえる政党だった。ソ連と友好条約を結ぶために、バアス党政権は七〇年代前半、ソ連の顔を立ててイラク共産党と協力関係を打ち立てた。だが、七〇年代末、経済、内政が順調にいくようになると、バアス党政権は共産党をお払い箱にしたのだった。

言ってみれば、中東諸国は、アメリカの関心を引くために「ソ連カード」を使ったのである。ソ連は格好の「当て馬」にされた、と言い換えてもよい。

それは、湾岸の保守的王政諸国も同様だった。たとえば、イスラームの盟主を誇るサウディアラビアは、無神論・共産主義を掲げるソ連とは疎遠で、建国の六年後にソ連との国交を断絶していた。しかし八〇年代に入ると関係を改善し、九〇年には国交を回復した。

またクウェートも、六一年の建国時に「クウェートはイラクの一部だ」と主張する社会主義国イラクの影響もあって、ソ連が国家承認をしない、という不遇に見舞われていた。

だが、八〇年代に入ると、ソ連との関係を積極的に進めた。当時深刻化していたイラン・イラク戦争で、ミサイル攻撃が飛び交うペルシア湾内をクウェートの石油タンカーが航行する際に、ソ連艦隊にその護衛を依頼するまでになったのである。

これら湾岸の保守的王政・首長制諸国の対ソ接近は、当時の対米関係と密接な関係がある。イラン・イラク戦争激化のなか、クウェートや湾岸諸国は、昔から友好関係にあったアメリカに護衛を依頼するが、アメリカはなかなか動かない。それでは、というのでソ連を引っ張り出したのである。ソ連が出たのを見るや否や、米軍は艦隊を出すことに合意した。腰の重いアメリカを動かすために、ソ連がダシにされたともいえる。

3　アフガニスタン侵攻

なぜソ連はアフガニスタンに軍事介入したのか？

さて、一九七九年二月にシャー政権が倒れ、革命政権となったイランは、同年一一月に発生した米大使館占拠事件を経て、ますます反米感情をつのらせていた。アメリカにとってただでさえ頭の痛いところに、年末、衝撃的な事件が勃発する。アフガニスタンにソ連軍が軍事侵攻したのである。

アフガニスタンは、一九世紀、英露の間で「グレートゲーム」が最も激しく展開された舞台であった。なかでも大英帝国との間で激しい戦いが繰り広げられたのが、一八三八年、一八七八年、一九一九年と、三次にわたるアフガニスタン戦争である。このとき大英帝国の侵攻、支配にアフガニスタンが徹底抗戦を続け、英軍を困らせたことは、今でもアフガニスタン人の矜持《きょうじ》となっている。

そうした大英帝国の圧力を受けながらも、アフガニスタン王国では、一九世紀前半に成立したバラクザイ朝が一九七三年まで続いた。

七三年に王政打倒クーデターによって共和制政権が成立すると、ダーウド大統領とクーデターに協力した左派系勢力との間で内部抗争が起き、七八年に共産主義の人民民主党がアフガニスタンの政権を握った。政権掌握後も党内で主導権争いが続くなか、事態を収拾できない新政権がソ連に支援を求め、ソ連は軍事介入を決意した。

とはいえ、ソ連にも逡巡《しゅんじゅん》があった。介入すればアメリカが、国際社会がどう動くか、ソ連首脳部も無知だったわけではない。ソ連のコスイギン首相は、当時のアフガニスタン首相タラキに、「侵攻したらソ連軍は、国際社会と対立するだけでなく、アフガニスタン国民とも戦うはめになる」と、介入に消極的なソ連の態度を説明している。

しかし、それが一転して軍事介入に動いたのは、アメリカの動きを警戒したからである。

同じアフガニスタン人民民主党幹部で、タラキに対立し、これを殺害して政権をとったアミーンは、アメリカに留学して米政権と接触を持ったらしい——。そう情報をつかんだソ連首脳部は、せっかく共産主義者が獲得した政権が一気に親米路線に転換することを懸念した。折しもイラン革命でアメリカは拠点を失っている。アフガニスタンに触手を伸ばさないはずがない——。

実際に、米政権が意図的にソ連にそうした危機感を抱かせて軍事行動を誘発した節は、あちこちに垣間見える。冷戦史の専門家、金成浩氏は著書『アフガン戦争の真実』で、当時カーター政権の大統領補佐官だったブレジンスキーが、「ロシア人たちをアフガニスタンの罠に引っ張り込」み、「モスクワをベトナム戦争（のような泥沼の戦争）に引き込むチャンス」と考えていたことを、明らかにしている。

そして、事態はそのとおりに展開した。国際社会はいっせいにソ連を糾弾、米政権は再び対ソ対決姿勢を強めた。その結果、翌年に予定されていたモスクワ・オリンピックを西側諸国がボイコットし、その報復で八四年のロサンジェルス・オリンピックには東側諸国が参加しないという、スポーツ選手にとって不幸なオマケまでついてきた。

同時に、国内ではイスラーム勢力を始めとして、住民の間にさまざまな反ソ抵抗勢力が立ち上がった。この反ソ運動で頑張った、という経験と記憶が、九〇年代のアフガニスタン国内の内戦と、アルカーイダの出現につながるのである。

サウディアラビアとパキスタンをパートナーに

イランを失い、アフガニスタンにソ連の脅威を見た一九八一年、アメリカにはレーガン大統領率いる共和党政権が誕生した。強いアメリカ、自由主義の大義を掲げたレーガン政権は、ソ連を「悪の帝国」と呼び、キリスト教的正義をふんだんにちりばめた演説を行い、戦略防衛構想を軸に軍備強化を進める。こうしたレーガン政権の政策は、ブッシュ政権期、9・11事件後に開花したネオコンの原型となった。

だが、その米政権がアフガニスタンで実際に行ったことは、直接ソ連と対峙《たいじ》することではなかった。アフガニスタン国内では、現地の共産政権もソ連も、住民の反感を買っていたから、アメリカとしては、現地の反ソ・反政府勢力を徹底して利用することでソ連を追い出そうとしたのである。

このとき、アメリカの重要なパートナーとなったのが、サウディアラビアとパキスタンだった。

第1章で触れたように、サウディアラビアは七〇年代に一貫して左派系のアラブ民族主義運動に対抗し、「イスラームの盟主」としての地位を確立してきた。石油収入を利用してアジア、アフリカのイスラーム諸国に膨大な援助を行い、世界各地でイスラームの布教に努めてきた。民族主義、親ソ勢力の力を削ぐために効果的でありさえすれば、アメリカにとってこうしたサウディによるイスラームの国際的展開は、大歓迎だった。

あまり知られていないことだが、その頃パキスタンでも、イスラーム化現象が起きていた。一九七七年に、パキスタンでは、当時軍の参謀総長だったズィアー・ウル・ハクがクーデターで文民のブットー政権を倒し、政権を奪取したが、ズィアー・ウル・ハクはシャリーア（イスラーム法）に基づく刑法を導入するなど、法のイスラーム化を進めた。このときハク政権に重用されたイデオローグ、マウドゥーディーは、パキスタンの最大イスラーム政党、ジャマアーテー・イスラーミーの創始者である。現在、南アジアのみならず中東にも強い影響を与えているイスラーム主義思想家だ。

そのパキスタンに限らず、いずれの国のイスラーム主義者たちも、無神論の共産主義がアフガニスタンでイスラーム共同体を侵食していることに、強い危機感を抱いていた。アメリカの思惑はともかく、アフガニスタンのソ連軍を追い出したい、と考えるイスラーム教徒は世界中にいる。そのイスラーム教徒たちに呼びかけ、資金を提供する広報力と財力を、サウディは持っている。集まったイスラーム教徒たちに、軍事訓練を施す場所と軍事力なら、パキスタンが持っているではないか——。

こうした発想から、米・サウディ・パキスタンの強力な反共同盟ができあがるのである。ここに呼び集められ、アフガニスタンに派遣されて「ムジャーヒディーン（戦士）」として戦った若者のなかに、オサーマ・ビン・ラーディンがいた。

オサーマ・ビン・ラーディンの軌跡

もとはイエメン出身の父が一代で成したサウディアラビアの財閥家の六男に生まれ、大学で経営学や土木学を修めたインテリ、ビン・ラーディン。若い頃はベイルートで遊んでいたこともあるとも言われる彼が、いかにしてアフガニスタンで義勇兵となり、アメリカに対する反感をつのらせていったかについては、湾岸地域研究の専門家、保坂修司氏の『正体　オサマ・ビンラディンの半生と聖戦』に詳しい。

このとき、アフガニスタンに馳《は》せ参じた義勇兵には、ビン・ラーディンのような多くのアラブ人の若者がいた。「アラブ・アフガン」と呼ばれた彼らは、まさに、国境を越えてイスラームの地を外敵から守るために、アフガニスタンに駐留するソ連軍と八〇年代を通じて戦い続けた。だが実際のところは、彼らの宗教的熱情とは別に、上に述べたような、冷戦下のアメリカの意向という冷徹な国際政治のなかで動かされていたのである。

ところが、ソ連にゴルバチョフが現れ、ペレストロイカ（改革）が進んだ。国際政治上も内政的にもお荷物でしかなくなったアフガニスタンでのソ連軍駐留は、冷戦の終焉とともにあっさり終わってしまった。一九八九年にソ連軍が撤退すると、「アラブ・アフガン」は居場所を失い、お払い箱となった。

しかし、冷戦は終わっても、アフガニスタンがイスラームの地として安定したわけではない。アメリカにとって、冷戦構造下では役に立つ子分だったイスラーム教徒の戦士たちは、冷戦の終結とともに役割を終えた。だが、戦士たちにとっては、あるべきイスラーム共同体を建設するための戦いが終わったわけではなかった。このギャップが、アラブ・アフガンたちを、本章冒頭で引用した「冷戦のゴミ」にしていく。

オサーマ・ビン・ラーディン

結局、アフガニスタンでの戦いをいったん終えたビン・ラーディンは、故国サウディアラビアに帰国した。だが、帰国後しばらくして、彼が故国で見たものは、湾岸戦争でクウェートのイラク軍を攻撃するためにサウディアラビアに駐留する、米軍の姿であった。

彼は激しく反発した。イスラームの聖地を守る立場にあるサウディアラビアが、その責任を放棄して外国軍、特に米軍という「異教徒」に自国防衛を依存するとは何事か――。彼の怒りの背景には、自分たち戦士はアフガニスタンで立派にソ連と戦ったではないか、という自負がある。

湾岸戦争時、米軍駐留を要請したサウディ政府に対して批判と糾弾を繰り返したビン・ラーディンは、一九九四年にはサウディアラビア国籍を剝奪《はくだつ》され、国外追放になってしまう。他のアラブ諸国でも、アフガン帰りの元戦士たちや「危険分子」とみなされた急進的なイスラーム主義勢力が、つぎつぎに国外に逃げなければならない環境が生まれた。

その結果、彼らは再びアフガニスタンに集《つど》う。ソ連軍撤退後、内戦状況下でアフガニスタン社会にターリバーンの影響力が浸透していくなか、「アラブ・アフガン」たちは再度アフガニスタンで活動を活発化させ、「アルカーイダ」と呼ばれるようになっていった。

「アフリカの角」ソマリア

「イスラーム」がアメリカの戦略に利用される、というパターンは、アフガニスタンに限ったことではない。

第1章で触れたように、サウディはその石油収入を利用して、途上国のイスラーム社会に次々に援助を行っていった。その多くが、冷戦期に共産圏と対峙する、アメリカの覇権にとって重要な戦略的拠点であった。アフリカ東部にあるソマリアも、そのひとつである。

ソマリア周辺地域は、アフリカ大陸を頭と見立てると、ちょうどサイの角《つの》のようにアラ

ソマリアと周辺国

ビア半島側に突き出している。地形的な特徴から、この地域は「アフリカの角」と呼ばれているが、「角」という攻撃的なイメージは、ただ地形の見た目からだけのものではない。ソマリアとエチオピアという「角」の部分にあたる二国は、七〇年代前半、ともに社会主義化してソ連との友好条約を結ぶ。対岸のアラビア半島、特に西側諸国のエネルギー源たる産油国サウディアラビアの下腹に、社会主義、共産主義国の両国が角を突き立てて今にも襲おうとしている——、そんな格好になったのである。

そうした微妙な緊張感のなかで、もともと領土問題を抱えていたソマリア、エチオピアが衝突した。領土紛争に冷戦という大きな構造が加わり、ソマリアにアメリカが、エチオピアにはソ連がついた。その結果、七〇年代後半から一〇年間、熾《し》烈《れつ》な抗争が展開されたのである。

このとき、ソマリアと西側諸国を結びつけたのが、サウディアラビアだった。

当時のアフリカでは、アメリカとは別に、フランスの諜報機関が反ソ政策を遂行するため暗躍していた。そのフランスの主導で、一九七六年に反共組織が結成された。「サファリ・クラブ」と呼ばれたこの組織には、中東からもモロッコやエジプト、イランなどが加わったが、なかでも核となったのがサウディアラビアだったのである。エジプトとモロッコが武器と人を集め、サウディは資金を提供する。後にアフガニスタンでアメリカがパキスタンやサウディと行うことになるのと同じ方法が、すでにサファリ・クラブで試されていたのだ。

サファリ・クラブは、まず共産主義が台頭するアンゴラに対抗してザイールを支援、アフリカ最大の米ソ代理戦争に大きな役割を果たした。

この成功を受けて、サファリ・クラブのメンバーであるエジプトとサウディは、ソマリアの支援に動く。七〇年代半ばまでソ連から武器を買っていたソマリアに、ソ連と手を切る代わりに武器と資金を提供する約束をして、共産主義エチオピアに対峙する代理戦争の前線を作ったのである。ソマリアの西側陣営入りをお膳立てしたのが、サウディだったといえる。

オガデン戦争と呼ばれるこのエチオピア・ソマリア間の紛争の結果、ソマリアは政治的にも経済的にも疲弊《ひへい》し、戦争と並行して内部抗争を引き起こした。アフガニスタンからソ連が撤退したのと同じ一九八九年、オガデン戦争は終わりを告げるが、その三年後には内戦が昂《こう》じて、ソマリア全土を掌握する政権は不在となる。

さて、その後ソマリアはどのような道筋をたどったのだろうか?

ソマリアの無政府状態に、国際社会は武力介入を開始した。だが、映画「ブラックホーク・ダウン」の題材ともなった一九九三年の「モガディシュの戦闘」で、多くの米兵が死亡した。そのことにショックを受けた米軍は、撤退。武力介入は失敗に終わった。完全な破綻《はたん》国家状態となったソマリアではイスラーム主義勢力が台頭し、二〇〇六年、一五年ぶりに国土の大半を掌握する政権が、イスラーム主義のもとに成立した。

冷戦終結で国際社会が関心を失ったアフガニスタンで、唯一疲弊した社会を統率できる存在としてターリバーンが台頭し、厳密なイスラーム政策を実施するイスラーム国家を樹立したのと、ほとんど同じ過程がソマリアでも見られたのである。二〇〇九年、ソマリア沖で頻発する「海賊」退治とアフガニスタン向けの支援に自衛隊が駆り出された背景には、冷戦と内戦、そしてイスラーム主義の台頭という、「冷戦のゴミ」処理の典型的な失敗例が厳然と存在しているのだ。

4　アメリカの一極集中時代へ

アメリカはなぜ直接の軍事関与を避けてきたのか？

アメリカの中東関与、ということを考えるとき、我々はつい、「いつも中東を支配しようと狙っているアメリカ」というイメージを持ちがちだ。実際に、湾岸戦争やイラク戦争が起きたとき、「ああ、とうとうアメリカが中東に直接乗り出してきた」という反応が中東のあちこちで見られた。

だが、ここでひとつ、疑問が生じる。

アフガニスタンにソ連軍が侵攻し、あと一歩で湾岸産油国に迫るかも、という危機が訪れたというのに、なぜイラクがクウェートに侵攻するまで、アメリカは自ら軍を中東に進めなかったのだろうか？

実のところ、アメリカは、歴史的に大きく中東に関与しながらも、軍事的に直接関与することを避けてきた。そのかわり、アメリカはもっぱら中東での利益確保のため、イスラエルやサウディアラビア、イランに依存してきた。

しかし、シャー政権を失って以降、イランに代わる「湾岸の憲兵」不在の状況が生じていた。反米を高らかに掲げるイランのイスラーム政権に手を焼いていたアメリカでは、イランとの領土紛争を抱えるイラクのフセイン政権に、反イランの砦《とりで》の役割を担わせたらどうか、という意見もあった。イラン・イラク戦争中の八四年、アメリカが一転、イラクと国交を結び、政治的経済的支援を行ったのは、そのためだ。

だが、アメリカの利益を代行させようにも、フセイン政権下のイラクは、全幅の信頼を寄せられる相手ではなかった。実際、米・イラクの蜜月は、国交回復から湾岸危機までのわずか六年間で終わる。

イランを失って以降、湾岸地域でアメリカの利益を代行してくれる国は、なくなった。それでもなお、アメリカは中東への直接関与を避ける。そのようななかで、一九八三年、ベイルート駐留の米海兵隊がヒズブッラーによる自爆攻撃を受けて、米兵二四一人の死者を出した。八二年のイスラエルのレバノン侵攻の後、米海兵隊は多国籍軍の一環として駐留していたのだが、この事件を受けて、早々にベイルート撤退を決めてしまうのである。

ちなみに、二〇〇一年以降中東地域各地で当たり前のように報じられる「自爆攻撃」は、この海兵隊への攻撃が最初の例だ。しばしば中東、あるいはイスラーム社会では、伝統的に「自爆」が攻撃手法として用いられてきたように誤解されるが、実は歴史は非常に浅い。『自動車爆弾の歴史』でマイク・デイヴィスは、最初に自動車爆弾が使用されたのは一九二〇年のアメリカで、その後ベトナム、北アイルランドで有効なゲリラ戦術として進化し、近年になってヒズブッラーが「カミカゼ特攻隊」の要素を加えた、と指摘している。中東では、自らの体を使って敵を攻撃する手法は、第二次世界大戦時の日本の特攻攻撃に学んだ、と理解している人が多い。

「地平線のかなた」作戦

米軍がベイルートから撤退した一九八四年、折しもペルシア湾では、交戦中のイランとイラクが、ペルシア湾を航行する船舶を狙ったタンカー戦争を展開していた。緊張高まるペルシア湾情勢に、ベイルートを去る海兵隊の間では、「さよならベイルート、ペルシア湾岸よ、こんにちは」といったジョークがささやかれていた。

それでも、米軍は、ペルシア湾内に軍を進めたわけではなかった。イギリスから貸与されたインド洋の小島、ディエゴガルシア島に基地を置き、基本的には中東の陸地からは離れていた。イスラエルとの関係を考えれば、アメリカの存在がアラブ諸国で忌避されるのは目に見えている。イランもまた、革命以来激しい反米姿勢を貫いている。このようななかで、米軍が直接関与すると現地社会から徹底して拒否されるに違いない。中東の紛争に直接巻き込まれたくない、はるか地平線の向こうに待機するにとどめておくしかない――。こうした方針は、「地平線のかなた」作戦と呼ばれた。

しかし、イラン、イラクのタンカー攻撃がペルシア湾からの石油輸出に障害をもたらすようになると、石油消費国はもちろん、売る側の産油国も頭を抱える。ペルシア湾の奥から原油を積み出さなければならないクウェートが、自国のタンカーを護衛してもらえるよう、アメリカに要請して聞いてもらえず、ソ連に援護してもらったことは、先に述べたとおりだ。

まさにそれが、当時のイラクの戦略でもあった。イラン、イラク二ヵ国だけでは戦争は膠着《こうちゃく》して、国力を疲弊させるばかりである。事態を打開するには、国際社会の介入に頼るしかない。戦争の長期化で石油の供給に障害が出れば、石油消費国は仲介に動かざるを得ないだろう——。

そう考えたイラクは、地域紛争であるイラン・イラク戦争を「国際化させる」ために、八〇年代半ばから軍事攻撃をエスカレートさせたのである。ペルシア湾内を航行する第三国の石油タンカーに被害が出れば、米軍がペルシア湾内のタンカーを護衛するために出動する。なによりもアメリカを巻き込むことが、国際社会を動かす近道だ——。イラクの狙いは、そこにあった。

タンカーの護衛を始めた米軍は、当然戦争の被害にあう危険も増え、一九八七年、米軍艦スターク号はイラク軍に誤って撃たれてしまう。その数ヵ月後に、イラクが国連の停戦決議を受諾。イラン・イラク戦争に早く決着をつけなければという危機感と、停戦決議を受けいれないのはイランの方だ、という国際的なムードができあがったところに、今度は米軍がイランの民間機を誤爆した。このとき初めて米軍は、地域紛争に「直接手を出した」のである。八八年七月、イラン民間機誤爆から二週間後に、イランは停戦決議を受諾した。

湾岸戦争が「超大国操作術」の転機に

アメリカの危機意識を刺激して国際社会を自国に有利に導こう、というイラクや湾岸諸国の「超大国操作術」は、一九九〇年の湾岸危機の発生で転機を迎えた。

一九九〇年八月のクウェート侵攻直前、イラクのフセイン大統領は駐イラク米大使と会談した。そのときイラクは、アメリカはアラブ諸国間の問題には踏み込まない、との言質《げんち》を得たことで、アメリカはイラクがクウェートに軍を進めても介入しないだろう、との見込みを立てた。

ところが、アメリカの発想は全く逆だった。湾岸危機は、ちょうどソ連が崩壊する前夜に起きた事件である。冷戦終結後初めての地域紛争をどう処理するか、まさに「唯一のボス」としての力量が問われるケースだったのだ。国連を巻き込んで対イラク経済制裁を決定するなど、徹底的にイラクを孤立化させていった。

一方で、昔ながらの冷戦下での生き延び方、つまりアメリカと対立したらソ連に寄り、ソ連に寄ればアメリカの方が擦り寄る、という「超大国操作術」が使えなくなったイラクは、どうしただろうか。

イラクは、パレスチナ問題を引き合いに出したり、外国人の人質をとったりして、なんとか国際政治のゲームのなかで生き延びる抜け道を探していた。だが、アメリカは妥協する様子がない。どうしても衝突は回避できないとなったとき、フセイン大統領は、唯一の超大国となったアメリカに立ち向かうことで、「英雄」になる選択肢をとったのである。

フセインの無謀な挑戦に、リングにあげられたアメリカは、サウディアラビア政府の要請というかたちで、サウディ国内の基地に駐留し、そこから湾岸戦争を戦った。一ヵ月以上の空爆、三日間の地上戦で、クウェートを占領していたイラク軍は壊滅的な打撃を受けた。無残に黒焦げとなったイラクの敗走兵たちの遺体が、クウェートからイラクに向かう国道沿いに点々と散らばった。戦争は圧倒的な米軍の勝利だったが、戦争の残酷さ、米軍の非道さは、中東、イスラーム社会の人々の眼に焼きつけられた。

特に、イスラーム教の聖地を守るサウディが米軍を引き入れたこと、米軍が湾岸戦争後も引き続き湾岸の安全保障のためにサウディ国内にとどまったことは、サウディ王政の支配の正統性に大きなダメージを与えた。外国軍、しかも異教徒に国防を依存して、なにが「イスラーム聖地の庇護者」か。サウディ王政にはイスラーム共同体を守る資格などないのではないか――。米軍の駐留に異を唱えた国内外の若者たちのなかに、ビン・ラーディンがいたことは、先にも述べたとおりだ。

イラク戦争

この米軍のサウディ駐留は「アメリカは中東を支配しようと虎視眈々《こしたんたん》と狙っている」と考えるアラブ、中東の人々に、その懐疑を裏付けるものと映った。そしてそれをダメ押ししたのが、二〇〇三年のイラク戦争である。

二〇〇一年一〇月のアフガニスタン戦争は、とにもかくにも、9・11事件との関連で行われた戦争だった。だが、イラクに対する軍事攻撃を9・11事件の流れで行うには、相当な無理があった。フセイン政権がアルカーイダとつながっていたという証拠は、全くない。状況証拠から見ても、世俗主義を貫くフセイン政権とイスラーム主義のビン・ラーディンは相容れない。「テロ」に対する予防攻撃としてイラクを対象とするのが適切なのかどうか、疑問視する声は、開戦以前から強かった。

にもかかわらず、アメリカが対イラク攻撃を選択したのはなぜだろうか。

その答えにはいくつもの要素があるだろうが、最も重要な点は、9・11事件以降のアメリカが一種、特殊な危機意識を抱えていたことだ。「地平線のかなた」から手を出さず、被害を受ける可能性を避けてきたというのに、それでもアメリカを目指してビン・ラーディンのような挑戦者が、はるばる中東からやってくる——。そのことを示したのが、9・11事件だった。

ならば、身を引いているより、直接積極的に介入して、中東の紛争そのものに手を出すほうがましではないのか――。そうした発想から、それまで「アメリカから遠く封じ込めておけば、それでよい」程度に考えていたイランやイラクを、羹《あつもの》に懲りて膾《なます》を吹くように、にわかに危険視するようになる。

当時のイラクのフセイン体制は、対米攻撃を行う能力を持っていたわけではない。だが、ビン・ラーディンに次いで、はるばる遠くからアメリカを罵倒してやまなかったのが、サッダーム・フセインだった。湾岸戦争以来徹底して反米を謳い、父ブッシュ暗殺まで計画したフセイン政権である。一九九一年来経済制裁を受けて弱体化しているとはいえ、力を回復すれば必ずアメリカにリベンジを仕掛けてくるに違いない――。実際にイラクでの石油開発権を巡ってロシアや中国がイラクの国際社会復帰をお膳立てしていた、という事実もある。

「攻撃する意図を持つ」というだけで、イラクは危険視するに足る存在だ、と考えるような政治環境に、9・11事件後のアメリカは、あった。それだけ、アメリカが受けた衝撃は大きかったのだ。

冷戦時代は中東をどう変えたのか？

ここまで述べてきたことを要約すれば、つまるところ冷戦は、中東各国の指導者が「アメリカなど国外の勢力をどう利用するか」にばかり熱心となる構造を作り上げた、ということである。

国際社会で生き延びるためだけでなく、自国で指導力を高めるにも、国外の大国とどう渡りあっていくかが重要になる。国内の政治派閥抗争にすら、超大国を巻き込んで自己利益を追求するパターンが定着し、政権維持のために国内の民衆の声より大国との関係を重視するようになったのである。中東諸国での民主主義の不在が、しばしば国際社会から批判されるが、実際のところ、中東の独裁政権の多くが民の声に耳を貸さずに生き延びていけたのには、海外の「ボス」たちの国際戦略に依存してきたことが大きい。

だが、政治家たちが「超大国操作術」に没頭する一方で、彼らに支配される民は何を思っているのだろうか？　パワーゲームに明け暮れる政治家たちに、唯々諾々《いいだくだく》と従うだけなのか？

いや、中東の社会ほど自立心が強く、それを誇りに思う大衆の激しいエネルギーを感じさせる地域は、ない。大国を利用し利用される政府に対して、それを「従属的だ」として反発するベクトルが、歴史のなかで繰り返し出現してきた。第2章で見たように、それは初期においてはアラブ民族主義などの、民族主義運動だった。だが民族主義政権自身が大国操作ゲームのなかで政権維持にばかり汲々《きゅうきゅう》とするようになると、それに代わって「大国への従属脱却」を謳い上げる勢力が登場する。それが、イスラーム主義勢力である。

イスラーム主義を掲げて、いずれの大国にも与《くみ》しない、と高らかに宣言した民衆パワーの代表例が、イラン革命である。一九七九年の革命によって、アメリカのくびきを離れて独自のイスラーム政権を確立したイラン。だがその「独立独歩」は、国際社会からの孤立を生み、経済的な閉塞《へいそく》状況を生んだ。そのイランでは今、独裁色を強める政府に対して、再び民衆パワーが沸々と湧きおこっている。

イランのイスラーム政権とは、何なのだろうか。民衆の支持で生まれた体制が、なぜ今反政府運動の高まりを経験しているのか。アメリカが言うように、イランは「悪の枢軸」の独裁政権なのだろうか。そもそもイスラーム政権を生んだイラン革命が求めたものは、何だったのだろうか。

次章では、イラン革命とその後のイラン・イスラーム体制について、見ていこう。

第４章　イランとイスラーム主義

——イスラームを掲げる人々

2009年6月21日にインターネットのソーシャル・メディア、ツイッターにアップロードされ、世界に流れたイランの首都テヘランの画像（撮影日は不明）。同月12日に行われた大統領選でのアフマディネジャード大統領再選に対して抗議運動を行う人々（手前）

イランの反政府運動

二〇〇九年六月、イラン革命から三〇年という記念の年に行われたイラン大統領選挙で、予想もつかない事態が起きた。現職のアフマディネジャード大統領が勝利し、二期目の続投を決めた選挙で、不正があった、との批判が噴出、敗北した改革派のムサヴィ候補を中心に、またたく間に反政府運動が広がったのである。対外的に狭隘《きょうあい》な反米路線に固執するだけではない、国内でも奇矯な言動で呆れられているアフマディネジャードに、若い世代や知識人はほとほとうんざりしていた。なのに大差で勝つなんてありえない！　とばかりに、若者が不満を露《あらわ》にしたのだ。

一九七九年のイラン革命以来、連綿と「アメリカに死を」のスローガンを叫んできたイランの人々が、「独裁者に死を」と叫んで反対派のデモに加わり、官憲と衝突して逮捕者や死者が出た。騒然とした雰囲気はその後も続き、二〇〇九年末に現体制に批判的だった宗教指導者のモンタゼリが死去した際や、シーア派の一大行事、アーシューラー（預言者ムハンマドの孫、イマーム・フサイン殉教の哀悼日）などの機会ごとに、大きな衝突が起きた。デモ参加者たちは、携帯電話やメール、ツイッターなどで呼びかけあい、様子を伝え合う。ツイッターでさまざまな情報や意見が交わされ、国内外を問わず、体制批判の渦が巻き起こった。強圧的に反対派を封じようとする大統領への糾弾にとどまらず、イスラーム体制のトップであるハーメネーイ最高指導者にまで批判の矢が向けられるに至っては、イラン・イスラーム体制の根幹を揺さぶる、深刻な危機となった。

イスラーム主義とは

「宗教指導者を政治のトップに据えた共和国」というイランの試みは、試行錯誤の末に終わりに向かっているのだろうか？　それとも、イスラーム体制の新たな段階を迎えているのだろうか？

そもそも、現在のイラン・イスラーム共和国の根底にある政治思想は、どのようなものなのか？　それは、イスラームを政治の根幹において、イスラームに基づく国家を建設しよう、という考え方である。これをここでは、イスラーム主義と呼ぶ（ちなみに、メディアでは「イスラーム原理主義」という用語がよく使われるが、これは不正確な表現である。なぜなら、「原理主義」という言葉はもともとキリスト教原理主義から来た用語で、欧米のメディアがイスラーム主義の出現を見て、キリスト教原理主義に似ているかも、と考えて名づけたものだからである）。

では、なぜ、このようなイスラーム主義が、西欧化、世俗化が進んだ現代に生まれてきたのだろうか。

欧米のメディアは中東でイスラーム主義勢力が台頭するたびに、「反動的」とか「反近代的」といった形容詞をつけたがる。だが、本当にそうなのだろうか。本章の目的は、その謎を解明することである。

なぜイランという国が、イスラームを掲げた体制をとっているのかを知るには、まず一九七九年に起きたイラン革命を振り返らなければならない。伝統的な社会システムの根幹にあるイスラームと、近代的な制度である共和制を融合させたのが、イラン革命の試みだったからである。

ここでは、まず革命以来イランが歩んできた歴史を振り返る。そして章の後半で、イランに限らず中東の各地で、イスラームを掲げた政治運動が引きも切らず現れてくるのはなぜか、を概観しよう。

1　イランで実現した「イスラーム共和制」

「よくわからない国」というイメージ

イランといえば、革命以来、「反近代的な神権政治」、「時代錯誤」といった表現で、「よくわからない国」とみなされてきた。民主主義のこの時代に、なぜ宗教指導者が政治のトップに立っているのか？　アフガニスタンのターリバーンが女性に外套《がいとう》（アラビア語でアバーヤ、ペルシア語でチャードル）やベールを強要して、圧制を敷いてきたイメージも重なって、イスラーム政権＝抑圧的体制、という印象が持たれている。

欧米のメディアがしばしば言うように、宗教が政治に介入しているイランは、民主主義や自由とは対極にある国なのだろうか？　加えて、核開発を進めているのでは、との疑惑や、ヒズブッラーやハマースなどの軍事活動を支援している、といった報道は、ますますイランを「恐ろしい国」に仕立て上げる一方だ。

ところが、である。なぜイランでイスラーム政権が成立したのか、という経緯を見れば、実は逆なのだ。一九七九年のイラン革命は、対米依存、独裁、経済政策の失敗で国民の間で悪名を馳せていたシャーの専制政治に対して、人々が民主化を求めたことから始まったのである。

当時君臨していたシャーの徹底したアメリカ追随と、イラン内政を常に外から牛耳っているように見えるアメリカ。イランにいながらあたかもアメリカのリゾート地にいるかのような特権的な生活をしている米企業の社員。その一方で、地場商業に携わるバーザール（市場）商人たちは、欧米企業の席捲のためにその役割を削《そ》がれ、不満を溜める。それが、六〇—七〇年代のシャー政権下のイランだった。この時期の急速な工業化、都市化は、インフレ、失業、格差の拡大と、イラン社会を苦しめていた。さらに、脱イスラーム化、徹底した欧化政策は、イスラーム教徒としての価値意識を根本から揺るがした。

　こうした独裁とアメリカへの反感が積もり積もって、七八年から反政府デモやゼネストが断続的に起こるようになる。シャー政権はそれに対抗して逮捕、弾圧を繰り返すが、学生を中心に反乱の火の手は強まっていった。それが、イラン革命の原動力となったのである。

ホメイニーはどんな指導者だったのか？

　そうしたなかで、反シャー運動の精神的支柱となったのが、当時パリに亡命中だったイスラーム法学者、アーヤトッラー・ルーホッラー・ホメイニーである。

　ホメイニーは、シャー政権の腐敗、対米依存、貧富格差の拡大、国王の専横を見て、早くも一九四〇年代から西欧式の統治のあり方に鋭く批判を突きつけてきた。シャー政権の政策は、正しくない。これを正すためには、イスラーム法による法の統治を実現し、イスラーム法学者自身が統治を行う必要がある。イスラームは、単なる信仰というより、人々の日常生活を包括する法体系だからだ――。ホメイニーが一九七〇年に掲げた「ウィラーヤト・ファキーフ」、すなわち法学者の統治理論は、こうした考えから、生まれた。

1979年２月、シャー（国王）の国外亡命と入れ替わりに亡命先のパリから帰国したホメイニーは、イラン国民に熱狂的に迎えられた。首都テヘランで握手を求める兵士たちに手を差しのべるホメイニー

イランのみならず中東ではどこでも、二〇世紀半ばまでには、教育の近代化によって、子供たちはイスラーム学校ではなく西洋式の学校に通うようになっていた。冠婚葬祭から社会規範まで、宗教知識人が担ってきた役割が、近代国家にとって代わられていった。このように中東のどこでも近代化が進むなかで、イスラーム法学者は、五〇年代ごろまでには象牙の塔のなかの伝統の世界に押し込められつつあった。

これでいいのか？　と、イスラーム知識人たちは自問し始める。その結果、五〇年代末から六〇年代には、革新的な思想家が宗教界に出現し始めた。ホメイニーだけではない、左派思想、民族解放思想をふんだんに取り入れたイスラーム哲学者、アリー・シャリーアティなどはその代表格である。ホメイニーに先立ちイスラームを斬新な形で現代社会に位置づけたイラクのムハンマド・バーキル・サドルは、資本主義でも社会主義でもない、第三の道をイスラームに求めようと考えた。

この、伝統墨守の旧態依然とした宗教界とは一線を画するイスラーム知識人たちの、大胆な社会改革、革命の思想は、若者の心を魅了していった。西洋に追いつけ追い越せ、の時代には、革新的な思想といえば欧米の思想を借りてくるだけだったのが、イスラーム世界の知識人たちは、この時期とうとう、革新的な思想をイスラームのなかから「自前」で生み出したのだ。

いや、イラン人の間でばかりではない。フランスの哲学者ミシェル・フーコーは、当時イラン革命を、武器を持たない民衆による革命として高く評価した。パリ五月革命、アメリカ西海岸のスチューデント・ムーブメントなど、六〇年代に世界中で吹き荒れた学生運動、体制批判の精神と同じ息吹が、イランの若者や宗教界の間でも新しい思想を生む原動力となっていた。

さて、そのホメイニーが亡命先のパリから戻ったのは、一九七九年二月である。半月前にシャーが国外に亡命したのと入れ替わっての凱旋《がいせん》だった。イランの首都テヘラン市内は、ホメイニーを迎える数百万人の群衆でごったがえした。齢《よわい》七七歳、白髭《しろひげ》を長く伸ばし眉間に皺《しわ》を刻んだホメイニーがタラップに見えるや、空港で待ちわびていた人々の間から大歓声が沸き起こる。若者が、普通の市民が、自発的にパレードを組織し、交通を整理し、歓喜の涙を流していた。五四年間続いたパフラヴィー朝は倒れ、ホメイニーの指導のもとに、革命政権が樹立される。新体制は全国的に希望と熱狂をもって大歓迎された。

イラン革命とアメリカ

しかし、イラン革命は最初からイスラーム革命を目指したものではなかった。シャー体制に反旗を翻した勢力には、共産党であるトゥーデー党や、リベラル派、左派系知識人など、多種多様なグループが加わっていた。革命を主導したイスラーム法学者たちの間でも、数多くの路線対立があった。だが路線対立があるということは、言い換えれば百花繚乱《ひやっかりょうらん》、さまざまな思想と政策が出現し、闊達《かったつ》な議論が爆発的に行われていたということでもある。

そのなかで、イスラーム法学者たちの影響力は、金曜礼拝やシーア派の各種行事を通じて、庶民の日常生活の隅々に根づいていた。そもそもイスラーム教には、シーア派とスンナ派という大別して二つの宗派があることはよく知られているが、イランでは国民のほぼ九割がシーア派である。シーア派の独自の歴史や社会認識については後ほど触れるが、共同体の指導者（イマーム）の殉教を悼む行事とか、亡きイマームの墓所を訪れる巡礼など、スンナ派に比べると、多くの信徒が一堂に集う「お祭り」的な儀礼が多いのが特徴だ。そうした社会に密着したシーア派の宗教的な文化慣習が、イラン人の国民アイデンティティーの核に根づいている。その社会への浸透力、文化の担い手としての役割が、イスラーム勢力を革命の中心に押し上げたのである。

ここで面白いのは、当時の米政権の反応である。前章でも述べたように、革命前の七〇年代、イランのシャー政権は中東におけるアメリカの右腕とみなされていた。だがその一方で、実はアメリカは、革命のあとも、イランの宗教勢力とうまくやっていけるのではないか、と考えていた。当時のブレジンスキー米大統領補佐官は、「ソ連にプレッシャーをかけられるという点では、急進的イスラーム勢力のほうがよい」といった趣旨の発言をしている。第3章で触れたが、無神論を唱える共産主義はイスラームと相容れないはずだ、という認識が、そのような考えにつながったのだろう。

だが、革命イランがアメリカとの関係を決定的にだめにしたのは、同年一一月初めに起きた、アメリカ大使館占拠事件である。テヘラン大学の学生を中心にした若者たち（女子学生も多くいた）は、自らをホメイニーの政治路線を実践する者と位置づけ、シャー政権を介して長らく自分たちを抑圧してきた「スパイの巣窟」米大使館に乱入した。学生たちは四四四日間にわたって米大使館を占拠し、五〇人以上の米国人が長く人質となったのである。

革命が若者の手によって急進化するのは、いつの世も同じだ。社会矛盾に切り込み、ラディカルな改革意識を持つ、恐れを知らない学生たちが、指導者たち以上に活動を先鋭化させていく。米国大使館占拠事件は、こうした結果の出来事である。学生たちは大使館内に保管されていた秘密文書を次々に暴露し、米大使館員がシュレッダーで廃棄処理した細切れの紙まで、継ぎ合わせて解読した。

この大使館占拠事件は、時のカーター米政権に大きな打撃を与えた。一九八〇年春「イーグル・クロウ」作戦として立案された人質奪還計画も、途中で砂嵐にあったりヘリが故障するなどの凡ミスが相次ぎ、結局米兵八名の死者を出して、散々な失敗に終わった。この人質事件に対する対応のまずさ、対イラン弱腰姿勢がカーター政権の命取りとなって、翌年、軍拡を掲げるレーガンに政権を譲り渡すことになったのである。

なぜアメリカは「大悪魔」と呼ばれるようになったのか？

それにしても、なぜアメリカは、イランでそこまで嫌われたのだろうか？

第3章で見たように、シャー政権時代のイランがアメリカの中東政策を肩代わりしてきたこと、アメリカがことあるごとにイラン内政に干渉してきたことは、シャーとアメリカが反発の対象となる最大の理由だった。

それだけではない。シャー時代の放埒《ほうらつ》なまでの西欧文化、消費文化という名の贅沢、飲酒やナイトクラブやセックス映画が平然と浸透していたことを見れば、イランほどアメリカ文化にどっぷり漬かっていた国はなかった。それが同時に、行き過ぎた西欧文化の洪水の結果、アメリカ文化がイラン社会を「汚染」している、という認識をも生んだのである。

フランス在住のイラン人漫画家でイラストレーター、マルジャン・サトラピの半自伝グラフィックノベル『ペルセポリス』は、イラン人の間で広く共有される欧米への憧れとイラン人としてのアイデンティティーの強さを、最も如実に描いた作品だろう。日本でも翻訳出版されたし、アニメ映画化もされ、二〇〇七年のカンヌ映画祭では審査員賞を受賞して、話題を呼んだ。

イラン革命に翻弄された主人公の少女マルジは、家族の勧めでウィーンに亡命する。ウィーンでは大好きなロックや、めいっぱい背伸びしてインテリの友人たちとのつきあいを堪能《たんのう》するが、どこかにとけこめない自分を感じていた。折々に感じる冷たい目、恋愛の挫折などを経て、苦労したあげくイランに帰国。しかし、帰国したらしたで、彼女の自由を束縛するイスラーム体制とぶつかっていくのだが……。体制に反発しても、海外で孤立しても、イラン人としての誇りに胸を張って生きていこうとするマルジの姿が、痛快だ。革命支持派も反対派も、欧米文化にあこがれても欧米にはなれない、という強烈な痛みは、イランに限らず、中東全体が抱えるトラウマである。

国際政治においても、イラン人にとってアメリカは、吉村慎太郎氏が「片思いの対象」と述べているように、その価値を認めてもらいたい相手だった。

アメリカのノンフィクション作家、マーク・ボウデンは、その著作（『ホメイニ師の賓客』）で大使館人質事件を描いたが、そこには、アメリカはイランを最重要視して微に入り細に入りイラン情報の収集をしてきたはずだ、と主張するイラン人学生が登場する。それに対して、米大使館員は、いやアメリカが重視していたのはソ連の動向で、イラン自体にはそれほど関心がなかったんだ、と必死に弁明する。このやりとりに、自分たちイラン人にとってアメリカはひどく大きな存在なのだから、アメリカにとってもイランが同じくらい大きな存在であるはずだ、いやそうあってほしい、というイラン人学生の心情を見て取ることができる。

実際、イランは中東地域、いやアジアの一大大国である。人口で言えばエジプト、トルコに続き、国土面積で言えば北アフリカを除けばサウディに次ぎ二番目に大きい。世界第二位ないし三位の石油埋蔵量を誇り、農業から重工業までバランスのとれた産業構造をしている。なによりも二五〇〇年以上前から歴代のペルシア王朝が栄え、歴史的にシルクロード西方の文化的中心であり続けた。その誇り、大国としての自負は、決して欧米の亜流に甘んじるものではない。なのにこのアメリカの扱いは、何だ?

こうして、アメリカは革命イランに「大悪魔」と呼ばれるようになった。そして、毎年機会あるごとに、「アメリカに死を!」というスローガンが繰り返されることとなるのである。

2 「革命」政権の変質

ホメイニー亡き後

イラン・イスラーム政権にとって、アメリカが「大悪魔」だとしたら、大悪魔の手先の「小悪魔」は、隣国イラクだった。徹底した世俗的アラブ民族主義政策を取り、経済的には社会主義を推し進めるバアス党のイラクが、イラン革命を見てその革命のイラクへの波及を恐れ、イラン・イラク戦争を開始したことは、前に述べた通りである。

一九八〇年から八年にわたるこの戦争は、イラン、イラク両国を経済的にも社会的にも疲弊させた。おりしも戦争が終わった翌年の一九八九年、革命の師、ホメイニーが亡くなる。誰もが認めるカリスマ的最高指導者がいなくなって、イラン・イスラーム体制には指導層内部で各派の路線の違いが露呈していった。

なかでもこの時代を代表する対立軸は、ホメイニーの後を継いで最高指導者に就任したアリー・ハーメネーイが代表する保守派と、大統領に就任したハーシェミー・ラフサンジャーニーの現実路線派だった。当時のイラン人たちがいかに経済優先に邁進《まいしん》していたかは、九〇年代前半、バブル時代の日本に大量のイラン人出稼ぎ労働者が流入したことを思い起こせば、想像がつくだろう。少しでも外貨収入を得て家族の生活を立て直したい、と夢見るイラン人たちで、上野公園はあふれかえった。

そうした世論を背景に、ラフサンジャーニーは戦後の経済再建に力を入れ、外交面でもアメリカに対して融和姿勢を取った。

しかし経済再建は、思うように進まない。逆に保守派は、革命防衛隊などに影響力を広げ、優位を築いていく。対米強硬路線を取る保守派との対立で、現実路線派はイラン国民の前に成果をあげられずにいた。

革新への熱気あふれる革命政権がカリスマを失い、時間がたつにつれて指導者たちが体制化、硬直化していくのは、どの革命政権にも共通した展開だろう。だが、そこにもう一度、大きな民衆のうねりが起きる。一九九七年五月、イラン大統領選挙で、大穴候補だったムハンマド・ハータミーが突如として圧勝を遂げるのである。

八〇年代に文化・イスラーム指導相を務めたとはいえ、他の大物政治家に比べて下馬評にも上がらなかった彼が、保守派の大統領候補を破って当選した背景には、若者や女性の強烈な後押しがあった。

柔和な微笑みと穏やかな物腰、預言者ムハンマドの家系につながる血筋もさることながら、宗教界で高位にありながらも、表現の自由を重視し、寛容政策をとる彼の姿勢が、知識人や学生たちに受けたのだ。保守派のハーメネーイも現実派のラフサンジャーニーも、革命世代の政治家たちが支配エリート化するなかで、新星ハータミーを担ぎ出したのは、変革に血気あふれる若者たちだった。

ここで注目したいのは、イラン革命がこうした自由な選挙のある体制を生み出していたということだ。イスラーム政権ではない、世俗の共和制を取るアラブ諸国の多くで、選挙もろくに行われず、行われても体制支持の出来レースでしかないのに比べれば、イスラーム政権のイランでは、民意に支えられて大番狂わせが起きるような選挙が行われていた。

1998年、19年間にわたりイランが敵対してきたアメリカのテレビ局CNNと会見するハータミー大統領

その意味では、イランは実に「民主的」な体制だったのである——現大統領のアフマディネジャードが登場するまでは。

ハータミーの微笑み外交

改革派の期待を一身に背負って大統領に就任したハータミーは、まず「文明の対話」路線を打ち出した。米大使館占拠事件以来、関係が断絶していたアメリカも含めて、欧米諸国に対して、協調路線を掲げたのだ。

前大統領のラフサンジャーニーが経済復興優先を追求しながら実現できなかったのは、ひとえにイランが欧米諸国からにらまれ、経済制裁などの枷《かせ》をはめられてきたからである。米クリントン政権は、ハータミー政権が成立する二年前の一九九五年、米企業の対イラン取引を禁止した。続いて翌年には対イラン・リビア制裁強化法（ILSA法）が米議会で可決され、イラン向け投資を行う外国企業は制裁の対象となることになった。これによって、アメリカと異なりイランと一定の関係を維持するEU諸国や日本は、アメリカ国内法を外国に適用することに釈然としない思いを抱きながらも、イランと接する際にアメリカの顔色を窺《うかが》わざるを得なくなった。

なにはともあれ、制裁の解除、アメリカとの関係改善を、と期待する穏健派のハータミーは、イラン革命以来イラン大統領として初めて西欧を訪れ、ローマ法王と対談して「文明の対話」を提唱した。ハータミーの「微笑み外交」は、西欧諸国が抱いてきた「狂信的」「頑迷固陋《がんめいころう》」とのイラン・イスラーム体制の指導者のイメージを、一変させたのである。国内的にも、表現の自由や市民社会の確立などを掲げて、リベラルな改革派としての立ち位置を強調した。

だが、肝心のアメリカが、動かない。ILSA法の期限は二〇〇一年に来ていたが、ハータミーの「微笑み外交」の成果もなく、八月に更新延長された。同年の9・11事件とその後のアメリカのアフガニスタン攻撃によって、米・イラン関係改善のチャンスが訪れた。アフガニスタンでアメリカが「対テロ戦争」を展開するには、隣国の大国イランとの協力関係が不可欠だったからである。9・11事件直後には、革命以来初めてイランのデモから「アメリカに死を!」のスローガンが消え、米市民への同情もイランから伝えられた。

それでもアメリカが対イラン関係の改善に踏み切らなかったのは、どんなにハータミーが穏健派でも、イランがイスラーム体制であることには変わりがなかったからである。大統領や議会の上に居座る保守派の最高指導者が、欧米式の選挙という「民主的」なプロセスを経て選ばれたわけではない以上、イスラーム体制は「民主的」ではない、というのが、アメリカの認識だった。

イラン国内でも、改革派の伸張に保守派が巻き返しを図る。一身に国民の期待を浴びたハータミーですら、事態を変えることができない、という失望感は、国民に政治的無力感を与えた。そしてダメ押しとなったのが、息子ブッシュ大統領の「イラン=悪の枢軸」演説である。二〇〇二年、一般教書演説でブッシュ大統領がイラン、イラク、北朝鮮を「悪の枢軸」として徹底的に糾弾したことは、やはりアメリカはイランの敵だ、とする保守派の主張を裏付けることになってしまった。

そうした状況を反映して、二〇〇五年六月、マフムード・アフマディネジャードが大統領に当選した。テヘラン市長を務めたとはいえ、宗教界出身でもなく、政治家としては無名に近かった彼が、古老政治家のラフサンジャーニーを破って当選したのは、ハータミーとは別の意味でのサプライズだった。現状からの「チェンジ」がなかなか実現しないイラン国民の閉塞感が、左から右へ、極端に方向を変えて「サプライズ」を生んだといえる。

アフマディネジャードとはどんな人物か？

アフマディネジャードという人は、不思議な人である。就任数ヵ月後の演説で「イスラエルは歴史から拭《ぬぐ》い去られるべし」とぶち上げ、国際社会の顰蹙《ひんしゅく》を買う痛烈なデビューを飾ったが、この発言は第2章であげたように、シオニズムというイスラエル国家理念自体が問題だ、というイスラエル建国以来からある議論を考えれば、突拍子のないものではない。一方で、シーア派信仰にある救世主《マフディー》出現を現実的な将来として語ったり、来るべき救世主と直接交信できるのだと主張したり、保守派指導者たちの間でも眉をひそめるような発言も繰り返している。

だが、奇矯な言動とストレートで庶民にわかりやすい発言、というのは、往々にして同居する。ブッシュ大統領しかり、小泉首相しかり、直截《ちょくせつ》すぎて知識人が顔をしかめるような発言は、一般庶民には素朴で単純な分だけ、受けがいい。若く経験のないアフマディネジャードが大統領選に勝利したのは、非エリート層の支持をターゲットにしたからである。「清貧」「貧しい者の味方」が、彼の売りだ。

改革派にせよ現実路線のラフサンジャーニーにせよ、中心は革命第一世代のエリートである。革命から四半世紀を過ぎて、イスラーム体制の支配エリートは豊かな特権的生活を送っているが、貧困層は取り残されている。

その貧しい人たちに厚い政治を、と訴えたのが、アフマディネジャードの戦略だった。また、五〇歳代半ばのアフマディネジャードは、世代的に革命第二世代を代表している。古老政治家たちが支配層に居座っているおかげで、上にあがれず鬱屈《うっくつ》している革命防衛隊らの支持が、彼に集まった。

つまり、アフマディネジャードという人物は、ある意味典型的なポピュリスト政治家なのである。特権的地位に甘んじる上の世代の政敵を、貧困層や政権参入を待つ世代を味方につけて、追い落としていく。そして、リビアのカッダーフィやイラクのサッダーム・フセイン、あるいはベネズエラのチャベス大統領が行ってきたように、対外的には敵の脅威に断固とした姿勢で臨むことが、自らの威信強化につながると信じる。アフマディネジャードが強烈な「反米」を掲げてやまないのは、このような背景があるのである。

「救世主《マフディー》」と交信できる大統領

改革派大統領のハータミーの対米融和路線のもとで、対抗馬を欠く保守派にとって、アフマディネジャードの「反米」は十分利用価値があるものだった。ここにポピュリスト政治家と保守派のタッグが組まれる。二〇〇九年の大統領選でアフマディネジャードに有利な形で不正が行われた、と反発の声があがったときも、ハーメネーイ最高指導者はこの批判を退けてアフマディネジャードを擁護した。

だが、アフマディネジャードと保守派宗教界の関係は、それほど単純ではない。そもそもアフマディネジャードは、ラフサンジャーニーやハータミーなどの前任者と違って、イスラーム法学者ではない。むしろ宗教界出身の重鎮政治家たちは、アフマディネジャードにとってうっとうしい長老たちである。

ここで、前述した「救世主と交信ができる」というアフマディネジャードの荒唐無稽《こうとうむけい》とも見える主張が、重要になってくる。そもそも、ホメイニーの「イスラーム法学者の統治」のような議論が出現する背景には、シーア派社会の独自の指導者論を抜きにすることはできない。

イランやイラク、湾岸地域のシーア派は、正確には一二イマーム派という。預言者ムハンマドの娘婿の子孫のみを正統なイスラーム共同体の指導者（イマーム）とみなすところが、血筋と関係なく指導者を擁立するスンナ派との違いだ。ところが、シーア派のイマームの血筋は、一二代目で途切れてしまう。そこからシーア派独自の思想が生まれてくる。というのも、シーア派社会では一二代目イマームが「お隠れ」になったと考えて、一二代目イマームはいつか帰ってくる、帰ってきてシーア派共同体を救う、という救世主《マフディー》信仰が生まれたからである。

それと同時に、イマームが不在の間、誰がいかにイスラーム信徒共同体を維持していくか、という、法治のあり方をめぐるシーア派独自の論議も生まれた。イスラーム諸学の学識と研鑽《けんさん》を積んだイスラーム法学者こそが、政治を主導するべきだ、という考えが生まれる根拠である。

アフマディネジャードの「救世主《マフディー》と交信できる」という主張は、言い換えれば、救世主と直接交信できるのであれば、救世主不在中の政治の代行者としてイスラーム法学者たちの存在は不要だ、とも読めよう。革命第一世代を目の上のたんこぶ、第二世代の昇進の妨げと考える層を代表する彼としては、奇矯を装いつつ、実は既存の宗教エリートをも敵に回そうとしている節が見える。

約言すれば、アフマディネジャード政権下のイランは、普通のポピュリスト、普通の権威主義体制になりつつある、ということだ。

イランのイスラーム体制は、出発点においては異なる意見が飛び交う、他の世俗政権に比較して格段に「民主的」な空気を作り出していた。それが、アフマディネジャード政権になって、フセイン時代のイラクやシリアなど、他の中東の権力者と同じような経路をたどろうとしている。独裁や弾圧にめげないタフな批判勢力として出発したイランのイスラーム体制が、三〇年の年月を経て独裁と弾圧に依存しなければならなくなったというのは、なんとも皮肉としか言いようがない。

3 「民主化が進むとイスラーム主義が強まる」のはなぜか？

イスラーム主義はなぜ台頭しているのか

ところで、イランの外、他の中東諸国に目を転じてみよう。

イラン革命と同じ時期、他の地域でもイスラームを掲げた政治運動が、世界を揺るがしていた。一九七九年、アラブ諸国やアフガニスタンで、同時多発的にイスラーム主義が絡む事件が起こったのである。

たとえば、サウディアラビアでは、「メッカ事件」と呼ばれる衝撃的な事件が起きた。

サウディ王政の正統性に疑義を唱えた武装集団が、「われこそは救世主なり」と主張して、聖地メッカのモスクを占拠したのである。またシーア派信従の多いサウディ東部では、イラン革命に連鎖する形で、住民が反乱を起こした。さらにその二年後に、イスラエルと単独和平を結んだエジプトのサーダート大統領が暗殺されたが、それも先鋭化したイスラーム主義者によるものだった。アフガニスタンで、ソ連の軍事侵攻に反発してイスラーム勢力による抵抗運動が組織されたのは、先に述べた通りだ。

つまり、七〇年代後半ごろから、イランにとどまらず中東各地で、イスラーム主義勢力こそが、時の権力者の専横や外国支配に対して果敢に戦いを挑み続ける主体となっていたのである。

それはなぜなのだろうか？

最も簡単な答えは、「民族主義がその役割を果たさなくなったから」である。

第2章で見たように、パレスチナ問題をはじめとする、中東地域が抱えるさまざまな問題に対して、六〇年代まではもっぱら、アラブ民族主義を掲げた思想家や政治家が活躍してきた。彼らは国軍を中心に、国家権力を奪取し、戦争というかたちでイスラエルに挑んでいった。だが、体制エリート化したアラブ民族主義者たちは、徐々に改革者としての役割を失い、自らの権力にしがみつくだけの存在となっていく。そして、多くの世俗的な民族主義政権のもとでは、宗教的な制度や組織は「遅れたもの」、近代化の過程で打ち捨てられるものと位置づけられた。

それでいいのか？　と、新たに真っ向から問題に立ち向かっていったのが、イスラーム主義者たちだった。民族主義もまた、西欧近代からの借り物でしかない。民族主義が中東の抱える諸問題を解決できないのならば、それはイスラームをないがしろにしたからではないのか？　また、伝統墨守型の既存の宗教界にも問題がある。自己改革の努力を放棄し、人々の生活の安寧と秩序を守ることを、世俗の政府にまかせっきりにしてしまった旧態依然とした宗教界こそ、改革しなければならないのでは――？

こうして、自分たちの共同体を守るには、むしろ自分たちのアイデンティティーのひとつであるイスラームを、社会変革の核に据えるべきだ、と考えるイスラーム主義が生まれてきたのである。それは、アラブ諸国でもイランでも、政治運動の新たな波となっていった。

ヒズブッラーとハマース

イスラーム主義が人々に支持されたのは、それが、民族主義運動がなしえなかった「抑圧からの解放」、特に外国の支配からの脱却を謳うからである。そして、「外国に抑圧され続けている」と感じる人々が、中東各地に多く存在するからである。

その典型的な例が、レバノンだ。

イスラエルのパレスチナに対する攻撃は、レバノン領に逃れたパレスチナ難民にも及び続けた。一九八二年、イスラエルがレバノンに軍事侵攻した際に起きた、レバノン南部のパレスチナ難民が多数虐殺されたサブラ・シャティーラ村事件は、そのひとつの例である。この事件は、二七年の年月を経た二〇〇九年、ゴールデン・グローブ賞外国語映画賞を受賞したイスラエル映画、「戦場でワルツを」のテーマにもなったので、改めて知った読者も多いだろう。レバノン南部のシーア派社会は、パレスチナ難民とともに、イスラエルの軍事作戦の最大の被害者となったのである。

その究極の破壊的状況のなかで、イスラーム主義を掲げる非政府組織、ヒズブッラーが誕生した。民兵を組織して、イスラエルのレバノン攻撃、占領に対する徹底抗戦を続け、イスラエル兵や米兵に対しては自爆攻撃も辞さないヒズブッラー。そうした武装勢力としての一面が、欧米では「テロ集団」とみなされがちだが、一方で、戦争で被災した人々に貧困救済や教育、医療や職業訓練などを提供し、地元社会に根ざした草の根活動を行う、NGOとしての側面も持っている。

武器を掲げてデモ行進する姿からは、荒くれ青年たちばかりが集う集団のようにも見えるが、どうしてどうして、街中では平服の若者がボランティアで、交通整理やゴミ掃除を行っていたりもする。あるときは自警団、あるときは災害救助、またあるときは市民運動家と、ヒズブッラーは幅広い活動を手がける地元の青年団、といった風情だ。

こうしてヒズブッラーは、軍事面でも社会面でも、南部レバノンでシーア派住民の支持を背景に勢力を確立した。その結果、内戦が終結した後の一九九二年にはレバノン国政選挙にも参加、二〇〇五年には議席の一割強を得るまでに成長したのである。二〇〇六年にイスラエル軍は、ヒズブッラーに対して軍事攻撃を仕掛けたが、これを弱体化させることはできず、イスラエル側に一〇〇人以上の死者が出た。むしろ、イスラエル相手に頑張ったヒズブッラーに対するアラブ世論の賞賛を生む結果を招いた。

同じように、パレスチナのイスラーム主義勢力、ハマースもイスラエルの攻撃のなかから生まれた。

ハマースとは、「イスラーム抵抗運動」という正式名称のアラビア語の頭文字をとったもので、一九八七年、西岸、ガザでのインティファーダの発生と同時期に、設立されている。ハマースもまた、ヒズブッラーと同様に、軍事部門と政治部門とを両方持ち、それぞれイスラエルへの抵抗運動を続けながら、占領地住民の生活を支える機能を果たした。第2章で見たように、世俗的民族主義勢力のPLOが戦いの現場からどんどん遠ざけられていくなかで、占領地で着実に活動領域を広げていったのが、ハマースだったのである。アメリカやイスラエルとの交渉のなかで妥協に妥協を強いられていくPLOに対して、ハマースは、オスロ合意に始まるパレスチナ自治合意に反対の立場を貫いている（ちなみに、ハマースにしてもヒズブッラーにしても、党員がどれだけいるのか、どういう階層、出自のメンバーが多いのか、といった情報は、確実なものはほとんどない。いずれもイスラエルとの軍事衝突を控えている身であり、組織構成などは公にされていないのが現状だ）。

民衆が支持するのはなぜか？

上に述べたように、ヒズブッラーにせよ、ハマースにせよ、レバノンやパレスチナで堅固な支持基盤を得ることができたのは、むしろ民衆への慈善活動を通じて、戦禍に喘《あえ》ぐ地元社会に貢献したからである。彼らは、占領地で十分な社会サービスを受けられない住民を対象に、地道な社会活動をしてきた。そのことが、住民に評価された。

ここに、「中東で民主化が進むとイスラーム主義勢力が票を伸ばす」という現象が生まれる。パレスチナには、一九九四年にオスロ合意に基づいてパレスチナ暫定自治政府が設置され、九六年には民選による自治評議会選挙が行われた。発足から一〇年は、中東和平の立役者で世俗民族主義路線のＰＬＯが、政府も議会も主流を占めていた。

ところが、二〇〇六年一月、二回目の自治評議会選挙で、ハマースが大方の予想を裏切って過半数を獲得し、圧勝したのである。和平交渉の頓挫、アラファートの死、PLO指導者たちの腐敗や汚職など、これまでパレスチナの運動を支えてきたPLOの威信が地に落ち、人々の支持を失っていたことを、選挙ははっきりと示した。そしてそれに代わって、占領地の苦境を共有し、占領状態にはっきりと「ノー」を突きつけたハマースに支持が集まったのである。ここに、ハマース出身のイスマイール・ハニーヤを首班とするパレスチナ政府が成立した。

外国の手で導入された民主的な選挙によってイスラーム主義勢力が政治舞台に登場したのは、パレスチナだけではない。イラク戦争後のイラクでは、二〇〇五年、米軍の駐留が続くなかで実施された国会選挙で、シーア派系のイスラーム主義政党が二度にわたって圧勝した。彼らもまた、国家が崩壊した瓦礫のなかで、宗教界の社会的影響力を通じて人心をまとめ上げることに成功したのである。

ムスリム同胞団

ところで、社会福祉、慈善事業を中心に活動を広げるイスラーム主義勢力は、紛争や外国の占領にあえぐ地域でなくとも、人々を魅了する。既存の政治エリートが何もしてくれない、と人々が不満を持つとき、イスラーム主義勢力の提供するサービスは、とりわけ貧しい人々にとっては欠かせないものだ。

筆者が九〇年代半ばエジプトに滞在していたとき、友人のひとりが息子の怪我を治療するのに、ムスリム同胞団が経営する病院に行くのだ、と言うので、つきそったことがある。ムスリム同胞団は、ハサン・バンナーというエジプトの青年教師が一九二八年に結成した、アラブ世界全体に影響力を持つイスラーム主義組織である。

その友人が言うには、こうだ。最初国営病院に入院したら、長い行列のあげく、だだっ広い大部屋の、長椅子のようなベッドひとつに親子ともども寝かされ、いつ何時金品を盗まれないかと心配で眠れなかった。同胞団系の病院は、外来でも夜中まで開いていて、医者もたくさんいる――。政治に関心もなく、さほど信仰熱心とは言えない貧しいその友人のような患者が、安くて親切なサービスを求めて、次々に同胞団系の病院の門を叩いていた。

七〇年代、アラブ民族主義政権の威信に陰りがさし、経済自由化政策のもと、政府の社会サービスは低下していった。折しもサーダート大統領がその外交政策を西側寄りに転換し始めた時期である。その隙間で落ちこぼれていく社会の貧困層と、そうした社会問題に敏感な若い知識層に、同胞団の社会運動は効果てきめんだった。医者や弁護士の職業組合、大学の自治会の選挙で、同胞団は勝利を収めていく。社会活動と選挙を通じて、同胞団は八〇年代には押しも押されもせぬエジプトの一大政治勢力となったのである。

だが、エジプト政府は、一貫して同胞団を合法化しなかった。合法化しないから、国政選挙にも政党として立候補できない。無所属の個人として立候補するしかないが、選挙には無数の干渉と弾圧がついてまわる。

唯一政府による選挙妨害があまり見られなかったのは、二〇〇五年の議会選挙だった。9・11事件以降、米政権の「アラブ諸国が民主的ではないから対米テロが起きるのだ」という主張をかわすために、いずれのアラブ諸国も「民主化」を余儀なくされたのである。その選挙で、無所属個人で立候補した同胞団出身者たちは、民選議席中の五分の一を確保して、大躍進した。

4 「弾圧されて過激化する」

アルジェリア総選挙で開いた風穴

ところで、「民主化するとイスラーム勢力が伸びる」という図式を先んじて示した例に、一九九一年のアルジェリアでの総選挙がある。一九六二年、壮絶な植民地解放戦争を経てフランスからの独立を獲得したアルジェリアは、独立闘争の立役者、民族解放戦線（FLN）が一党独裁体制を築き、社会主義を掲げて宗教とは縁のない国家運営を続けていた。しかし八〇年代後半の経済危機に端を発する暴動、東欧の民主化の影響などを反映して、政府は八九年、憲法を改正し、複数政党制を導入した。

政府としては、あくまでも政治改革で混乱を乗り切りたかったのだろう。同じ年、ヨルダンで大規模な物価暴動が起こり、二二年ぶりに議会選挙が実施されたし、クウェートでも議会開催要求運動が高まった。東欧革命の余波は、中東諸国にも確実に及びつつあった。そして、いずれの国でも統治者は、いかに「民主化」の風穴を最小限にとどめられるかに頭を痛めていた。

だが、アルジェリアの風穴は、風穴というにはあまりにも大きかった。九〇年の地方選挙で与党FLNはわずか一四県でしか過半数が取れず大敗、代わって三二県で過半数を獲得したのがイスラーム救国戦線（FIS）だった。翌年末に実施された国会選挙では、FISはなんとFLNの一〇倍以上の議席を獲得して、圧勝を収めたのである。この風穴の大きさに驚愕した政府――というより軍は、即座に議会を解散し憲法を停止した。非常事態が宣言され、FISは非合法化される。この強権発動がFISの激しい反発を呼び、以後アルジェリアは、一〇年近く続く激しい内戦に苦しむことになるのだった。

米国同時多発テロへの流れ

ここで注意しなければならないのは、こうした政府の弾圧を経ても、多くのイスラーム運動は穏健路線をとり、暴力を否定して社会活動を通じた市民社会の確立を目指したことである。たとえば、九〇年代後半にエジプトで結成された同胞団系のワサト（中道）党は、民主主義の確立と共存を主張する新世代イスラーム運動の代表格だ。

だが一方で、政府の暴力に呼応して、武装闘争路線をとり、運動を過激化させる派閥も生まれる。エジプトでは、前述したムスリム同胞団が七〇年代に急進化したが、それは六〇年代に政府が彼らを激しく弾圧したことと、密接な関係がある。仲間の処刑に、政府や軍、警察機関を攻撃して報復する——。そうした経緯を経て、ジハード団やイスラーム団といった過激派グループが登場した。前者はエジプトで一九八一年にサーダート暗殺を実行し、後者は九七年にルクソールで外国人観光客ら六二人を殺害する事件を起こした。

そうした応酬のあげく、国外追放となった武闘派は、海外に活動の拠点を求めて国際化していった。「アルカーイダ」の中核的存在、アイマン・ザワーヒリーはエジプトのジハード団メンバーだったし、アルジェリア内戦で急進化した「武装イスラーム集団」のメンバーが、国外に逃れてアルカーイダに加わったという例は、少なくない。

国際化するとともに、彼らが敵とするターゲットには、自国の政府もさることながら、国際政治を動かす大国も含まれていく。

世界でイスラーム共同体を危機に陥れているのは誰か？　イスラエルの背後にあってパレスチナ人を苦しめ、エジプトなどイスラーム運動を弾圧する政権を支援しているのは、アメリカだ。湾岸戦争以降イスラーム教徒の住む地に土足で上がりこみ、イスラーム世界を支配しようとしている――。九〇年代以降頻発し、9・11事件につながる国際的イスラーム武闘路線の「反米」は、こうして生まれていった。

アフガニスタンとアルカーイダ

そして、海外に流れ出た武闘派をうまく吸収したのが、内戦状態のアフガニスタンという場所だった。

八〇年代には反ソ義勇兵として、その後はターリバーン政権を支えるものとして、「アルカーイダ」は、自分たちの出身地とは遠く離れたところに、彼らの考える「理想郷」を――その土地の人々がどういう社会を求めているのか、には関わりなく――作ろうとした、ということができる。

アフガニスタンだけではなく、イスラーム教徒が苦境に陥っている、と見えるところに、彼らは馳せ参じた。ロシアに独立要求運動を潰されているチェチェン、少数派として国内で冷遇を受けているフィリピンのイスラーム教徒社会。二〇〇八年、中国のウイグル自治区でイスラーム教徒と漢民族の衝突が激しくなると、「中国に報復する」との声明が、アルカーイダの名で発表された。

八〇年代のアフガニスタンで招き入れられたように、彼らはイスラーム教徒の住む世界各地の「紛争地」に赴いて、義勇兵として活動を展開したのである。そして、各国で弾圧を受け国内にいられなくなったイスラーム主義者が増えれば増えるほど、「アルカーイダ」が人材に困ることはない。自国でも国際社会でも隅に追いやられていくなかで、暴力の度合いを強める過激派たち――。それはある意味、七〇年代に世界的に左派の運動が一部過激化し、国際的なゲリラ活動を展開した歴史を、再現しているかのようだ。

イスラーム主義の多様性

日本でも欧米でも、イスラーム主義イコール過激派、とみなす人は、少なくないだろう。日本のメディアでは「イスラーム原理主義」という用語が使われて（前述したように、イスラーム主義を掲げる人たちは、決して自分たちのことを「原理主義者」などとは呼ばない）、狭隘で偏屈な主義者のように描かれてしまっている。

だが、実際のところイスラーム主義は、他の体制批判思想と同じように、穏健から過激、保守から革新まで、さまざまである。なぜならば、イスラーム主義自体が、現代の多種多様な生活様式や考え方にどうイスラームを対応させるか、という問題意識から、生まれたからだ。

政権の腐敗、堕落を糾弾するイスラーム主義者もいれば、特権エリートの地位にしがみつくイスラーム主義者もいる。既存エリートの権力独占に暴力で挑戦するイスラーム主義者もいれば、合法的に選挙を通じて政権参加を求める者もいる。清貧を売りにするイスラーム主義者もいれば、宗教慈善活動を通じて恩恵をばら撒く者もいる。民族主義であろうがイスラーム主義であろうが、過激化したり融和路線を取ったり、保守化したり改革を求めたりと、多様なパターンが展開されるのは、どのような政治運動も同じだろう。

その意味で、暴力路線を究極まで推し進めたアルカーイダも、体制護持のために批判を封殺するイランのアフマディネジャード政権も、他の政治運動が経験してきたのと同じ袋小路なのかもしれない。だとすれば、その袋小路から脱却する方策はどこに見出せるのか。

中東が今直面している問題を乗り越える道は、どこにあるのか。イスラーム主義のなかから生まれてくるのか、それともイスラーム主義を乗り越えた何かが生まれてくるのか。

その答えは、今さらに多様化している中東の人々の社会意識がどこに向かっていくか、にかかっている。本書の締めくくりに、終章では、若者たちが担う中東の今を見ていこう。

終章
メディアとアイデンティティー

エジプトの首都カイロの街角。スカーフ（アラビア語でヒジャーブ）をつけた若い女性（右から２人目）。左の３人の後ろ姿の女性は、アバーヤ（全身を覆う黒いガウン）を身につけている（2009年）

パレスチナのラッパー

パレスチナ系アメリカ人の若き映画監督、ジャッキー・サッロームが二〇〇八年に撮ったドキュメンタリー映画に、「スリングショット・ヒップホップ」という作品がある。その名の通り、ヒップホップ・グループのDAMを追った作品だ。イスラエルのパレスチナ人がヒップホップ・グループとして活躍していること、しかもイスラエル占領下のガザのラッパーも登場するところが、驚きだ。

いつ空爆されるかしれず、国境は閉鎖されて移動も物資輸送もままならない、閉塞された占領下パレスチナ。若者の「自爆テロ」は欧米メディアの目をひくが、イスラエルに軽やかにラップを歌い踊るパレスチナ人たちがいるなんて、想像もつかないだろう。

しかもそのヒット曲のタイトルは「誰がテロリストって?」。サビはこう歌われる。「誰がテロリストって?／俺ってか／住む土地盗られてどうやってテロリストになんのさ／あんただろ、テロリストって／俺たちから全部奪って殺して／それで俺たちに『法に従え』ってか?」

世界共通のラッパー・ファッションで痛烈なイスラエル批判を繰り返す彼らは、まさに現代の新しい抵抗文化の担い手だ。映画のタイトルを直訳すると「パチンコ（投石器）・ヒップホップ」。一九八〇年代末に占領地で素手の石投げ抵抗運動として始まった、インテイファーダを想起させる。

筆者が九〇年代にカイロに滞在していたとき、ある女子大生がこう言った。「ウンム・カルスゥーム（エジプトの美空ひばりともいうべき、国民的大歌手）でもない、（米ポップスターの）マドンナでもない、自分たちの文化を私たちは模索している」

今、中東の若者の声を代弁してみれば、さだめしこんな感覚だろう。

「権力にあぐらをかいた自国の政権でもなく、アルカーイダのテロリストでもなく、自分たちの声を反映させられる場所はどこにあるのか？」

DAMのCDジャケット

庶民の声はどこにいった

これまでの章で、国際政治のなかで中東の国々がどのように振り回されてきたか、そのことがどのような政治の流れを生み出してきたかを見てきた。では、その政治のなかに、大衆の声はどう反映されているのだろうか。中東諸国、特にアラブ諸国の多くでは、人々の声を政治に届ける民主的な方法が確立しているとは、必ずしも言いがたい。

そうだとすれば、人々は、長期独裁政権のもとで、自分の考えも持たず、ただ体制に従っているだけなのか？　彼らの生活は、政治に翻弄されているだけなのだろうか。

答えは、否である。体制の弾圧や外国の支配のもとで、表現や報道に制約があっても、人々は集い意見を交わす場所を見つけて、活き活きと発信してきた。古くはモスクや宗教儀礼の場がその空間を提供してきたが、今やインターネットや衛星放送が、その代表的な場となっている。第4章で示したように、イランで今体制批判を繰り広げる若者の間での情報交換の手段は、携帯メールやツイッターだ。

情報革命の爆発的な影響力は、中東の人々の生活をどのように変えたのだろうか。さまざまな情報の氾濫《はんらん》は、彼らの連帯感や政治意識にどう影響しているのだろうか。最終章の本章では、中東の新たな文化とアイデンティティーの模索を取り上げよう。今中東で、普通の人々は何を見、何を感じているのだろうか。

アラビア語衛星放送「アルジャジーラ」の影響力

中東の人々の情報環境は、世界の他の国々と同様、衛星放送とインターネットの普及によって、劇的に変化した。従来、アラブ諸国のメディアといえば、多くの国では国営放送がほとんどで、政府管理の報道しか見られなかった。新聞やテレビのニュース番組はまず大統領や国王の姿から始まり、体制批判につながるような解説は避けられる。判で押したような指導者のにこやかな笑顔の映像と、政府公式発表しかないメディア報道。国営テレビや新聞を情報管理にフル活用したフセイン政権下のイラクでは、「夜トイレに起きたら、テレビにフセイン大統領がベッドで寝ている姿が映っていた」といったジョークが聞かれたほどである。

そんな「面白くないテレビ」を一変させたのが、一九九六年に設立されたアラビア語衛星放送「アルジャジーラ」だろう（「アル」はアラビア語の定冠詞なので、以下、省略して「ジャジーラ放送」と呼ぶことにする）。

ジャジーラ放送は、「中東のCNN」の異名をとり、「朝まで生テレビ」ばりの激しい討論番組と戦争の実況中継、スキャンダラスともいえる独占レポートで、アラブ諸国の情報統制を軽々と乗り越えた。大物政治家はもちろん、反米活動家から宗教指導者、欧米で活躍するアラブ知識人まで、さまざまな論客が次々に番組に登場する。人気番組「反対の方向」は、まさにそうした百家争鳴、放埒ともいえる自由な報道と議論の場となった。

ジャジーラ放送が生まれたきっかけは、湾岸戦争にあるといわれている。同じアラブ諸国同士が戦い、聖地を抱えるサウディアラビアに米軍が駐留することになった湾岸戦争は、中東どこの国でも最大の関心事だった。どの国でも知識人層は、CNNなど欧米の衛星放送が提供するニュースに釘付けになった。

だが、その後彼らは考えた。なぜ、外国発信の放送なんだ？　なぜ、アラブ世界に自前の、しかもアラビア語による衛星放送番組がないのか？　それを実現したのが、BBCに勤めていたアラブ人ジャーナリストたちだった。彼らには、BBCの湾岸戦争報道を支えた自信があった。そして、カタールの首長からの支援を得て、ジャジーラ放送は誕生したのである。

ジャジーラの成功は、アラブ諸国に衛星放送ブームを巻き起こした。ジャジーラ開局と前後して、アラブ首長国連邦のアブダビ・テレビやアル・アラビーヤ、レバノンのLBCなど、次々に人気衛星放送局が出現した。今、中東の街並みを見れば、どのビルも屋上やテラスに、ところ狭しとばかでかいパラボラアンテナが立ち並ぶのがわかるだろう。二〇〇三年、フセイン政権が倒れたとき、イラク人が真っ先に買い込んだのも、パラボラアンテナだった。取扱説明書もないのに見様見真似でアンテナを据え付けては、イラクの行く末を報じる海外メディアに耳を傾けたのである。

大型のパラボラアンテナは、地中海沿岸諸国はもちろん、東欧諸国の放送まで、幅広く拾う。CNNやBBCなどのお堅い政治ニュースから、イタリアのクイズショー、ポーランドのお色気番組まで、一〇〇〇局近い衛星放送局が選《よ》り取《ど》り見取りだ。エジプトの衛星放送ナイルサットが二〇〇九年春に「コリアTV」を開局して以来、「チャングムの誓い」をはじめとする韓流ドラマは、アラブ世界でも一大ブームを巻き起こしている。

イランのインターネット普及率は四八パーセント

衛星放送以上に爆発的な広がりを見せているのが、インターネットだ。

二〇〇〇年から二〇〇九年の間に、イスラエルを除く中東・北アフリカ諸国のインターネットユーザーは、なんと三二倍にも増加しており、世界の平均増加率の八倍、最も伸び率の高い地域となっている。その結果、中東・北アフリカ地域のネットユーザーは全人口の二四・四パーセントで、世界平均の二六・六パーセントにやや及ばないものの、アジア、アフリカ地域に比べたらはるかに高い（Internet World Stats 二〇一〇年四月アクセス）。

中東の主要都市では、いたるところにインターネット・カフェが設置され、一日中入り浸っている若者の姿を見ることも珍しくない。高額な国際電話に代わって、ネット電話で海外の友人たちとの長電話もできる。ブログやチャットで、激しい政府批判を展開したり、音楽談義を繰り広げたり、家族自慢にペット自慢と、話題は尽きない。ユーチューブが登場してからは、これに動画が加わった。レバノン人歌手の肌も露《あらわ》なセクシーなビデオクリップから、イランの反政府デモ隊が官憲と衝突する様子、イスラエル占領下で訪れることのできないエルサレムのアルアクサー・モスクの内部映像まで、ありとあらゆる画像が市井の人々の眼前に出現する。

ネット普及率が五割を超えているのは、アラブ首長国連邦やカタールなど、裕福な湾岸産油国だが、面白いのは、過去九年間でどの国でネット普及率が急速に伸びているかだ。二〇〇九年現在イランは普及率四八パーセントだが、ユーザー数は実に九年前の一二九倍である。シリアでは一一九倍、モロッコが一〇四倍、次いでアルジェリアが八二倍。サウディアラビアやエジプトもかなり高い。

どうも政府による統制の厳しい国々ほど、インターネットが爆発的に普及しているようだ。ソ連時代のロシアでアネクドート、つまり風刺小噺《こばなし》が流行ったように、アラブ諸国にも「ノクタ」と呼ばれる政治風刺の伝統がある。ネットでのおしゃべりは、昔ながらの庶民の批判精神がそのまま電脳化したもの、と考えられるかもしれない。

ネット空間

だが、このようなネット空間に繰り広げられる自由奔放な発信は、中東のイスラーム世界が文化的に遅れている、と考えがちな欧米社会にとっては、意外だったようだ。徹底的に海外との接触、報道や発言の自由を統制してきたフセイン政権下のイラクで、国内から発信するイラク人ブロガーが登場したとき、欧米のブロガーたちは「イラク人がこんなことを書けるはずがない」と、目を疑った。「サラーム・パックス」と名乗る二九歳のイラク人青年が、流暢《りゅうちょう》な英語で、ゲイで酒飲みの自分の日常生活を語り、「ビヨークやマッシヴ・アタックが大好き」と綴っていたからである。

そのことは、中東の若者たちがネット空間を通じて見ている今と、国際社会が中東社会に対して持っているイメージが、いかにかけ離れているか、ということでもある。次々にブログを開設するイラクの若者が綴る戦争と占領、内戦の現状——。国際的なメディアでは伝えられない、リアルな現在が、そこでは共有されているのだ。

イラクだけではない。パレスチナとイスラエルの現状について、毎日ネットのどこかで、激しい論戦が繰り広げられている。ネット上で対イスラエル抵抗運動を繰り広げる「E－インティファーダ」（Eはエレクトロニックの E）なる言葉すら、生まれた。イスラエル軍に殴りつけられるパレスチナの市民、イラクに駐留する米兵を狙った攻撃の様子、チェチェンでのロシアの非道な行動など、生々しい映像が飛び交い、国際政治はネットを通じてダイレクトにお茶の間に流れ込んだ。

ブライアン・デ・パルマ監督が二〇〇七年に製作した映画「リダクテッド」は、イラク駐留の米兵がイラク人の女子中学生をレイプし、一家とともに焼き殺したという、実際に二〇〇六年に起きた事件を素材に、米兵たちが精神的に壊れていく過程を描いて大きな反響を呼んだ。この映画のなかでは、アラブ系メディアやイスラーム系のウェブサイトが報じる内容と、アメリカのイラク認識がかけ離れていることが浮き彫りにされている。欧米社会には伝えられていないイラクの悲惨な状態を、いかに中東やイスラーム社会の人々が日常的に眼のあたりにし、耳にしているか——。「対テロ戦争」がイスラーム社会に残した大きな傷と、欧米社会の無神経さを描いた作品だ。

ヴァーチャルなイスラームの連帯

世界中から届くさまざまな情報は、中東の普通の人々の問題意識をかき立てる。国際社会のなかで中東やイスラームがどう扱われているか、欧米社会が中東に対して何をしてきたか——。それまで、一部のインテリしか見聞きすることのなかった情報が、日常の情報として人々に伝わり、人々の関心は、自分たちの生活する空間からグローバルに広がった。イラクやパレスチナで起きていることに同情し、アフガニスタン情勢に心を痛めるだけではなく、欧米社会やアジアのイスラーム社会の動静にまで、国境を超えて眼と心を奪われる。

特にジャジーラ放送の歯に衣《きぬ》着せない対米批判報道は、アフガニスタン戦争やイラク戦争以来、アラブ、イスラーム圏で人気を博した。その分、米軍には睨《にら》まれることが多く、イラクでの米軍の無法ぶりを赤裸々に報じたことで、ジャジーラ放送は何度もイラクから追放の憂き目にあっている。ビン・ラーディンやアルカーイダ幹部のメッセージ映像を極秘に入手して放映するなど、欧米からは「テロリストとのつながりがあるのではないか」と疑われることもしばしばだ。

ちょうどブッシュ政権の「対テロ戦争」時代、十把ひとからげに敵視されたイスラーム教徒たちは、世界中にいた。イラクに続いて自国が攻撃対象になるのではないか、と戦々恐々とする中東の人々。イスラーム教徒だというだけで、9・11事件以降警察に疑惑の目を向けられたり不当逮捕されたりした、アメリカのイスラーム教徒たち。社会的文化的に差別をうける、ヨーロッパのイスラーム系移民たち。それぞれの文脈で抱える諸問題がネット上で共有され、見知らぬ遠い世界のイスラーム教徒同士がヴァーチャルな共同体の中で連帯意識を醸成していく。

こうした国境を超えたイスラーム社会のネットワークが敏感に反応した例として、二〇〇五年の預言者ムハンマド風刺画事件がある。デンマークの新聞が、預言者ムハンマドを爆弾犯に模した漫画を掲載したことで、イスラームへの侮辱だと怒るイスラーム教徒の反発を呼んだのだ。最初は、デンマークなどヨーロッパ在住のイスラーム教徒の間での反感だったのが、メールやインターネットを通じて、またたく間に世界中のイスラーム社会に連鎖した。翌年にはシリアやイランなどの中東諸国だけでなく、パキスタンやナイジェリアでもデンマークに対する抗議デモが繰り返され、現地の警察と衝突する光景も見られた。

同様の事件は、二〇〇六年の後半、ローマ法王ベネディクト一六世が、一四世紀のビザンチン皇帝のイスラーム批判発言を引用して、イスラーム教徒の反発を買った際にも起きている。

ネットでのイメージと民衆感情にはギャップも

その一方で、ヒーローへの賞賛も国境を超える。たとえば、二〇〇六年七月に起きた、イスラエルの南部レバノンへの攻撃で一躍名を馳せた、ヒズブッラーの指導者、ハサン・ナスラッラーの人気がそれだ。第4章で述べたように、イスラエルは、一ヵ月もの間執拗に空爆を繰り返したが、ヒズブッラーの武力を削ぐことはできず、実質的な敗北を喫した。

「勝利宣言」を行ったナスラッラーは、イスラエル相手によくぞ戦ったと、いきなりアラブ、イスラーム社会でヒーローとなった。イラク戦争後、中東全体に宗派対立ムードが高まっていた時期だったにもかかわらず、シーア派組織のヒズブッラーの人気は、エジプトなどスンナ派の国々でも一気に高まり、マグカップやキーホルダー、トートバッグなどナスラッラーの写真をプリントしたグッズは飛ぶように売れた。

だが一方で、ネットと衛星放送でつながる中東、イスラーム社会の新しい世論は、しばしばその土地の人々のリアルな声と矛盾を生じる。

アラブ世界で英雄視されたナスラッラーも、実際に内戦の苦渋を味わったレバノン市民全員に歓迎されているわけではない。イラクの新政権の政策を激しく糾弾するジャジーラ放送に、戦後復興を遅々たる歩みながら進めようとするイラク人は、不快感を抱く。実際に戦禍のなかで生活する人々と、ヴァーチャルなネット空間のなかで形成される世論の間に、乖離《かいり》が生じているのは事実だ。

ナスラッラーの肖像入りトートバッグ

アラブ人研究者のなかには、ネット情報の氾濫によって、実際に街に出てデモなどの抗議行動を起こす人々の数が減っている、と指摘する者もいる。家に籠《こ》もり、ネットで抗議運動を遠隔操作するだけ――。ネット情報が実際の行動の起爆剤となったイランのような例もある一方で、イスラエルの占領地に対する圧倒的な空爆を目にしながら、パソコンの前に座ってしか声をあげない、アラブ社会の問題もある。

あふれる情報のなかで、受け手が見たい事実だけを選んで見られる、ネット上に展開される疑似体験と、実際の出来事が混同されていく――。このような、現代のネット社会が共通に抱える問題は、中東社会のリアルとは何か、という深遠な問いを発している。

イスラーム銀行とスカーフ

それにしても、ネットや衛星放送でつながる新たなネットワークが、なぜイスラームなのか。アラブ社会や中東にとどまらず、なぜアジアやヨーロッパのイスラーム教徒にまで、広く共感や連帯意識が広がっているのか。

現在世界各地でイスラーム化現象の広がりが見られるが、これは何かの政治団体がイスラームを組織的に広げているというようなものではない。むしろ、個々の市民レベルの意識変革と言ってよい。フランスのイスラーム系移民社会で、女子学生がスカーフをかぶって登校して社会問題となる。六〇年代に西欧文化を謳歌《おうか》したミニスカート姿の母親に、スカーフをかぶった娘が文句を言う。湾岸産油国で稼いだ出稼ぎ労働者たちが、心置きなくその給金を預金するために、利子を取らないイスラーム銀行を選ぶケースは、一九九〇年代以降、爆発的に増えた――無利子なのは、イスラームでは「金が金を生む」システムが禁止されているからである。

大衆化し、さまざまな生活様式があふれている現代だからこそ、そこにイスラーム化が選択肢のひとつとして浮かび上がってきたのだ。

「スカーフをかぶったり、イスラーム銀行を利用したりする」という行為は、イスラーム教徒として最も日常的で、手っ取り早く実践できることである。女性は髪を覆いなさい、利子を取ってはいけない、といったことは、イスラーム教徒の啓典クルアーン（コーラン）やハディース（預言者ムハンマドの言行録）に記されている。自分たちはイスラーム教徒だ、との意識に目覚めた中東の人たちが、イスラーム教徒としてのアイデンティティーを主張するときに、まずどうすれば「イスラーム教徒である」ことを示せるだろうか。とりあえず形から入ろう、と考えれば、「スカーフをかぶること」、「欧米型の銀行ではなくイスラーム銀行を選ぶこと」は、誰にでも簡単に実践できることだし、自他ともに見えやすく、わかりやすい。

情報革命が庶民のイスラーム化に与えた影響も、大きい。これまでモスクに行くか国営テレビが流す金曜日の礼拝番組を聴くかしないと説教を聴く機会のなかった人々が、インターネットでいつでも聴くことができる。これまでもカセットでイスラーム法学者の話を聴くことはできたが、ネットで展開されるＣＧを駆使した色鮮やかな映像と説教の組み合わせは、わかりやすく、庶民目線だ。説教師たちはそれぞれ自分のサイトを持ち、人々は自由に聞きたい説教、知りたいファトワー（法判断）を知ることができる。ジャジーラ放送などの人気の衛星放送番組に登場するテレビ説教師は、タレント並みの話術で聴衆を魅了する。

モスクに行ったことのない、礼拝の仕方も知らない人々にとっても、ネットに作法がアップロードされている。ソ連時代、社会主義下で宗教儀礼が制限されていた中央アジアのイスラーム教徒や、西欧で生まれ育ったイスラーム系移民の第二、第三世代たちは、改めて自分たちの宗教を知ろうと思えば、今ではネットからいくらでも知識を得ることができる。

また、今やイスラームのメッセージは、宗教指導者のモスクからの説教でだけ発信されるのではない。イスラーム・ポップソングともいうべき歌が、あちこちで作られ、アラブの衛星放送で流される。歌舞音曲は望ましくない、とされるのが保守的イスラームの伝統だが、在米イスラーム教徒のアフリカ系アメリカ人ラッパーたちは、ヒップホップこそ神が預言者にクルアーンを降された方法と似ているのだ、と主張する。

なぜスカーフをかぶるのか

西洋世界に加われるわけでもなく、かつての旧態依然とした伝統的イスラーム社会を維持しているわけでもない、自分たちのアイデンティティーは何なのか——。

この問いは、西欧近代と出会い、自分たちの地域を「中東」と名づけられたときからずっと、「中東」の人々が抱えてきた課題である。国際社会によって作られた「中東」という地域に、自分たちで名前をつけるとしたら、何と呼ぶべきなのか。国際政治の産物として生まれた以上、大国の意向をうかがいながら、あるいはそれを巧みに利用しながら、他者依存で生き延びていく以外に、自分たちの道はないのだろうか。自分たち独自の方法で、近代化を進め、国際社会と共存していく方法はないのか。

そのひとつの答えとして、今中東の人々はイスラームを選んでいる。だが、それはかつての宗教界をそのまま復活しようということではない。ましてや、イスラームを掲げて太古の昔の「宗教戦争」を再現しよう、などということでは、決してない。

エジプトの雑誌「ヒジャーブ・ファッション」

そこにあるのは、すでに伝統的権威が換骨奪胎された、近代化し大衆化したイスラーム社会である。そこでは、宗教界の象牙の塔のなかからしか発信しないイスラーム法学者よりも、宗教的には低い地位にあっても大衆受けするテレビ説教師の意見に、人々が耳を傾けたりもする。時に穏健派の宗教指導者の意見を聞き、時に急進派のラディカルな意見に賛同を示す。

伝統墨守的な宗教権威に無批判に従うのでもなく、体制のイデオロギーを押しつける政府に従うのでもなく、ましてや欧化を促す国際社会の顔色を見るのでもなく、人々は自発的にイスラームのアイデンティティーを選ぶことで、自己主張するようになった。

ミニスカートをはいて女性の解放を主張しても、欧米社会に追随するだけとみなされる。それならば、スカーフをかぶり、アバーヤ（体全体を覆うガウン）を着て、アラブ社会の男女差別を糾弾しよう、と、湾岸諸国の女性たちは考える。世俗主義を国是とするトルコでは、公共の場でスカーフをかぶることが禁止されているが、それに抵抗してスカーフの上に鬘《かつら》をかぶって通学する女子大生もいる。

このような女性たちがスカーフをかぶるのは、男女差別に無自覚なまま、やみくもに伝統を守っているからではない。逆に、自分たちの権利主張と社会参加を求めて、スカーフをかぶる女性も少なくない。

筆者が九〇年代にカイロの地下鉄の駅で出会った一〇代の女性は、「就職に反対する家族を説得するため、スカーフをかぶって通勤すると約束したのだ」と語っていた。

「イスラーム教徒としてちゃんとしていないではないか」という批判をかわし、職場でセクハラの視線を受けることなく、自らの能力を社会で発揮し、堂々と権利を主張するために、スカーフをかぶることを選んだ女性も多いのではないだろうか。

かつて、無条件に社会の根底にあるものとみなされてきたイスラームは、近代化、グローバル化のなかで、新たな意味と役割を持ち、中東の人々のアイデンティティーのひとつとして、復興した。

いま、イスラーム的な生き方を選ぶ人々の間では、イスラーム的な生き方とは何か、という問いに対して、さまざまな答えや解釈が模索されている。

だが、そうした人々の試行錯誤は、なかなか既存の政治体制に反映されない。政治エリートたちは自分たちの利権分配に明け暮れ、国際政治に振り回されるばかりで、人々の声が代弁されない日々が続く。

人々の声は、日常の地道な社会活動を続けるイスラーム運動に向かうのだろうか。あるいは、ネットを介してヴァーチャルな共同体の再編に向かうのだろうか。

いや、そのどちらもが並存しているのが、現代の中東社会なのだろう。国家の枠組みを軽々と超えて、日常社会と世界規模のネットワークが縦横無尽につながっていく。

現代社会は、地域の特性を重視する「ローカル化」と世界を普遍化する「グローバル化」が、同時並行で共存する「グローカル化」が、その特徴であると言われている。中東地域がいま経験しているのは、まさにその「グローカル化」にほかならない。

時代と空間を超えてはるばる旅してきた本書の「魔法の絨毯」は、最後に「中東」の個々のローカルな社会に舞い降りて旅を終える。そのローカルな社会こそが、常に世界を見渡す窓なのである。

読書リスト

さらに読み進めたい人のために、各章で扱ったテーマについて文献をあげた。

第1章　湾岸諸国の歴史について（章題「石油の海に浮かぶ国々」）

板垣雄三監修、三浦徹・東長靖・黒木英充編『イスラーム研究ハンドブック』（『講座イスラーム世界 別巻』）栄光教育文化研究所、一九九五年

スルターン・ムハンマド・アル＝カーシミ『「アラブ海賊」という神話』町野武訳、リブロポート、一九九二年

J・ブノアメシャン『砂漠の豹イブン・サウド――サウジアラビア建国史』（改装版）河野鶴代・牟田口義郎訳、筑摩書房、一九九〇年

フレッド・ハリデー『現代アラビア――石油王国とその周辺』（りぶらりあ選書）岩永博・菊地弘・伏見楚代子訳、法政大学出版局、一九七八年

レイチェル・ブロンソン『王様と大統領――サウジと米国、白熱の攻防』佐藤陸雄訳、毎日新聞社、二〇〇七年

保坂修司『サウジアラビア』岩波新書、二〇〇五年

ガッサーン・カナファーニー『ハイファに戻って／太陽の男たち』（新装新版）黒田寿郎・奴田原睦明訳、河出書房新社、二〇〇九年

第2章　パレスチナ問題について（「パレスチナ問題とは何か」）

G・アントニウス『アラブの目覚め』木村申二訳、第三書館、一九八九年
立山良司『イスラエルとパレスチナ』中公新書、一九八九年
立山良司『エルサレム』新潮選書、一九九三年
立山良司『中東和平の行方――続・イスラエルとパレスチナ』中公新書、一九九五年
立山良司『揺れるユダヤ人国家――ポスト・シオニズム』文春新書、二〇〇〇年
臼杵陽『見えざるユダヤ人――イスラエルの〈東洋〉』平凡社選書、一九九八年
臼杵陽『中東和平への道』世界史リブレット、山川出版社、一九九九年
臼杵陽『イスラエル』岩波新書、二〇〇九年
広河隆一『パレスチナ』（新版）岩波新書、二〇〇二年
D・グロスマン『ヨルダン川西岸――アラブ人とユダヤ人』千本健一郎訳、晶文社、一九九二年
中西俊裕『中東和平　歴史との葛藤』日本経済新聞社、二〇〇六年
ヤスミナ・カドラ『テロル』藤本優子訳、早川書房、二〇〇七年
田浪亜央江『〈不在者〉たちのイスラエル――占領文化とパレスチナ』インパクト出版会、二〇〇八年

第3章　冷戦について（「冷戦という時代があった」）

高橋和夫『燃えあがる海――湾岸現代史』東京大学出版会、一九九五年
金成浩『アフガン戦争の真実――米ソ冷戦下の小国の悲劇』ＮＨＫブックス、二〇〇二年

酒井啓子『イラクとアメリカ』岩波新書、二〇〇二年
酒井啓子『イラク　戦争と占領』岩波新書、二〇〇四年
酒井啓子『イラクは食べる――革命と日常の風景』岩波新書、二〇〇八年
ジョージ・パッカー『イラク戦争のアメリカ』豊田英子訳、みすず書房、二〇〇八年
保坂修司『正体――オサマ・ビンラディンの半生と聖戦』朝日選書、二〇〇一年
ジョン・J・ミアシャイマー、スティーヴン・M・ウォルト『イスラエル・ロビーとアメリカの外交政策』I・II巻、副島隆彦訳、講談社、二〇〇七年
Fred Halliday, *Two Hours That Shook the World: September 11, 2001: Causes and Consequences,* Saqi Books (27 Nov 2001)
Rashid Khalidi, *Sowing Crisis: The Cold War and American Dominance in the Middle East,* Beacon Press (15 Feb 2009)

第4章　イランとイスラーム主義について（「イランとイスラーム主義」）

吉村慎太郎『イラン・イスラーム体制とは何か』書肆心水、二〇〇五年
桜井啓子『現代イラン――神の国の変貌』岩波新書、二〇〇一年
桜井啓子『シーア派――台頭するイスラーム少数派』中公新書、二〇〇六年
小松久男・小杉泰編『現代イスラーム思想と政治運動』東京大学出版会、二〇〇三年
マルジャン・サトラピ『ペルセポリス――イランの少女マルジ』I・II巻、園田恵子訳、バジリコ、二〇〇五年

マーク・ボウデン『ホメイニ師の賓客――イラン米大使館占拠事件と果てなき相克』上下巻、伏見威蕃訳、早川書房、二〇〇七年
小杉泰『イスラームとは何か――その宗教・社会・文化』講談社現代新書、一九九四年
小杉泰『現代中東とイスラーム政治』昭和堂、一九九四年
小杉泰『現代イスラーム世界論』名古屋大学出版会、二〇〇六年
横田貴之『原理主義の潮流――ムスリム同胞団』（「イスラームを知る」シリーズ10）山川出版社、二〇〇九年
大塚和夫他編『岩波イスラーム辞典』岩波書店、二〇〇二年

第5章　中東地域の現在と文化、メディアについて（「メディアとアイデンティティー」）

関口義人『アラブ・ミュージック――その深遠なる魅力に迫る』東京堂出版、二〇〇八年
山本達也『アラブ諸国の情報統制――インターネット・コントロールの政治学』慶應義塾大学出版会、二〇〇八年
大塚和夫編『暮らしがわかるアジア読本　アラブ』河出書房新社、一九九八年
大塚和夫責任編集『世界の食文化10　アラブ』農文協、二〇〇七年
サラーム・パックス『サラーム・パックス　バグダッドからの日記』谷崎ケイ訳、ソニーマガジンズ、二〇〇三年
内藤正典・坂口正二郎編『神の法vs.人の法』日本評論社、二〇〇七年

おわりに

「内政干渉」という言葉がある。

「主権侵害」とも。

どちらも、「それぞれの国にはそれぞれ主権があって、外国は勝手に他人の国に土足で上がりこんではいけない」という考えである。近代以降、ヨーロッパを中心に発展してきた国際政治のルールの、前提となってきた。最近は、「国際協力」とか「人道的介入」とか、余所様《よそさま》の内情に手を突っ込むことが、良いことのように言われる風潮だけれども……。


いや、国際政治のルールについて、語ろうとしているのではない。

研究の分野でも、「主権」とか「テリトリー」みたいなものがある。専門とする国や地域、はたまた時代区分を越えて、あまり深く研究していない国やテーマについて、軽々しく口を出すのはいかがなものか、と考えられている。ましてや、その地域の言語を知らなかったり、行ったことがないのに、あれこれ語るとは、なんていい加減な、と思われることは必至だ。

私は、イラクというアラブの国を専門に研究してきたので、ペルシア語やトルコ語を知らないし、同じアラブ諸国でもアルジェリアなどには行ったことがない。そんな私が、アラブ諸国はおろか、中東（さらにははるかアフリカの角まで！）全体をカバーする、大風呂敷を広げた話を書くなんて。無謀な内政干渉をすれば、その土地の人々から反発され、徹底的な抵抗運動に直面し、散々な目にあう、と、相場が決まっている。ああ、あっちこっちの専門家からおとがめを受けたら、どうしよう？


中東の入門書を書いてはどうか、と、講談社の堀沢さんからオファーをいただいたときの、私の反応は、正直、こうしたものだった。そんな、あまりに手に余ること！

でも、私自身、中東全体を見渡す本がないのは不便だな、と切実に感じていたことは、確かである。

大学で教鞭《きょうべん》をとるようになって五年、それ以前にも講演会や非常勤の授業で学生や市民向けに話をすることは多かったのだが、中東で起きていることをクリアに伝えるのは、本当に難しい。実に細かくニュースや情報を知っている一方で、基礎的な歴史的背景を知らない人、歴史には詳しいけれども、現在中東で起きていることと歴史的知識が直結しない人……。そのような人たちの関心に、どうしたら応えられるだろうか。

私が教えている学生も、同じである。昨年以前に卒業した学生たちは、中高生の頃に、9・11事件を（テレビなどで）目撃し、ショックを受けて中東に関心を持ち始めた。いま在学中の学生は、イラク戦争や自衛隊のイラク派遣のニュースを、一〇代半ばで聞いたという。彼らは高校世界史の知識と、いま世界で起きていることを、なんとかつないで大学で学ぼうと考えてきた。

だが、これから大学に入る学生たちにとっては、9・11事件やイラク戦争など、二一世紀初頭に世界を揺るがした大事件ですら、歴史のかなたに消えつつある。最近、あるところで、私がイラク戦争直前に書いた本『イラクとアメリカ』を読んで感想を書くように宿題を出したところ、こういうレポートがあった。「イラクとアメリカは一触即発状態にある。これから戦争になるかもしれないから、日本はこれを防ぐように努力しなければ」うわあ、たいへんだ。ほんの数年前に戦争があったことさえも、もはや人々の記憶から消えようとしている！

内政干渉だ！　との誹《そし》りも覚悟で大風呂敷を広げてみよう、と思ったのは、このときである。ばらばらに散らばった、中東についての知識や分析をできるだけつなげて、消えゆく事件や戦争の記憶を、いま私たちが生きている世界の政治の動態のなかに位置づける。そんな視点を提示することで、少しは中東のわけのわからなさが解消できるかも、と思ったのが、本書を執筆した動機である。

でも、実際には、学生たちは案外、そんな「わけのわからなさ」を軽々と飛び越えていく。

去年の夏、ある中東の国への短期留学から帰国した学生が、興奮した面持《おもも》ちで、私のところに来た。

「先生、私、中東に行って初めて、これまで勉強してきたことの意味がわかりました。国際政治や世界史や、たくさんのことを勉強したけど、それは全部つながっていて、現地の社会で生きているんですね。知識が実感を持つってすごい」

こういうときは、教師冥利《みようり》に尽きる。

現地を旅することのリアリティと、学び舎《まなや》で得た知識が合わさったとき、人の想像力と共感力、自分もまた世界の一部として生きているんだ、という実感が、怒濤《どとう》のように押し寄せてくるのだ。

本書執筆に費やしてきたほぼ一年の月日の間、実際に中東の現場を訪れない読者にも、そうしたインパクトを感じてもらえる入門書が書けたら、どんなにいいかなあ、と思い続けてきた。脱稿したいま、その目的が果たせたかどうか。大風呂敷がくしゃくしゃにならずに、ちゃんと魔法の絨毯となって時代と空間を縦横無尽に駆け巡れたかどうか。

常に不安に駆られていた執筆中、最初の読者である堀沢さんの丁寧なコメントがなければ、完成に至らなかった。

本書はそうした、元気で活き活きした、編集者や学生や、ビジネスマンやジャーナリスト、そして中東諸国出身の友人たちからもらった、さまざまなインスピレーションからできあがっている。

本書を通じて、読者の方々に、そういう「元気」が伝われば、このうえない喜びである。

酒井啓子

二〇一〇年四月

2001.9	米国同時多発テロ（9.11事件）
2001.10	アフガニスタン戦争。ターリバーン政権崩壊
2002	イスラエル、パレスチナ占領地で入植地の境界に「分離壁」建設開始
2002.3	イスラエル、アラファート議長庁舎を空爆、同議長を監禁
2003.3	イラク戦争（〜2003.5）、イラクのフセイン政権崩壊
2003.4	米、新中東和平構想「ロードマップ」提示
2005.1	イラク国会選挙でシーア派系イスラーム主義政党が勝利
2005.6	イランでアフマディネジャードが大統領戦で勝利
2005.9	デンマークの新聞が預言者ムハンマドの風刺画を掲載、イスラーム教徒の反発が世界に広がる
2006.1	ハマースがパレスチナ自治評議会選挙で圧勝
2006.2	この頃からイラクで宗派対立激化
2006.7	イスラエル、レバノンを空爆
2006.7	国連安保理事会、イランの核開発制裁警告決議
2006.12	フセイン元イラク大統領の死刑執行
2007.2	イラン、平和目的で核開発を継続、と表明
2008.12	イスラエル、ガザ攻撃
2008.9	※リーマン・ショック
2009.1	※米大統領にバラク・オバマ就任
2009.6	イラン総選挙、アフマディネジャード大統領再選。選挙不正を巡り反政府活動高まる
2009.11	ドバイ・ショック

1989.11	ヨルダン、22年ぶりに国会選挙
1990.5	南北イエメン統合
1990.8	イラク、クウェートに侵攻（湾岸危機）
1990.8	米軍、サウディアラビアに展開
1990.10	※ドイツ統一
1991.1	湾岸戦争（〜1991.2）
1991.10	マドリードで中東和平会議
1991.10	※ユーゴ内戦
1991.12	アルジェリアでイスラーム救国戦線（FIS）が国会選挙に圧勝
1991.12	※ソ連が消滅、独立国家共同体（CIS）結成
1993.2	ニューヨークの世界貿易センタービル爆破
1993.9	イスラエル・PLOがオスロ合意（パレスチナ暫定自治合意）
1993.11	※ヨーロッパ連合（EU）発足
1994.4	ビン・ラーディンがサウディアラビア国籍を剝奪され、国外追放に
1994.5	パレスチナ暫定自治政府発足
1994.12	ロシア軍、チェチェン共和国侵攻、チェチェン戦争勃発
1996	アラビア語衛星放送局アルジャジーラ開局
1996.9	アフガニスタンでターリバーンが首都制圧
1997.2	イスラエル、東エルサレムに大規模入植開始
1997.5	イランでハータミー政権成立
1997.11	ルクソールでイスラーム団が観光客を襲撃
1998.10	ワイリバー合意
1999.9	イスラエルとパレスチナ、パレスチナ最終地位交渉再開
2000.7	キャンプデービッドで米・PLO・イスラエルの首脳会議開始
2000.9	第2次インティファーダ（アルアクサー・インティファーダ）開始
2001.1	※米大統領にG・W・ブッシュ就任（〜2009.1）

1977.11	サーダート・エジプト大統領、イスラエル訪問
1978.4	アフガニスタンで人民民主党が政権掌握
1978.9	エジプトとイスラエル、キャンプデービッド合意
1979.2	イラン革命。イスラーム共和制に
1979.3	エジプトとイスラエル和平条約調印
1979.6	第2次石油ショック
1979.7	サッダーム・フセイン、イラク大統領に就任
1979.11	イランで米国大使館占拠事件
1979.11	メッカでモスクが武装集団に占拠される（メッカ事件）
1979.11	サウディアラビア東部でシーア派住民が暴動
1979.12	アフガニスタンにソ連が軍事介入
1980.8	ソマリアとエチオピア間の紛争再燃
1980.9	イラン・イラク戦争（〜1988.8）
1981.10	エジプトのサーダート大統領、暗殺。ムバーラクが大統領に
1981.12	バハレーンでシーア派住民の暴動
1982.6	イスラエル、レバノンに侵攻
1982.9	難民キャンプでパレスチナ人虐殺事件
1982	この頃からイラク、ペルシア湾岸航行のタンカーに対する攻撃開始
1982	この頃レバノンでヒズブッラー結成
1983.10	レバノン駐留の米海兵隊がヒズブッラーによる自爆攻撃にあって撤退
1984.11	イラク、アメリカとの国交回復
1987.12	ヨルダン川西岸・ガザでインティファーダ（民衆暴動）。この頃ハマース結成
1989.2	アフガニスタンからソ連撤退完了
1989.6	イランの指導者ホメイニー死去
1989.11	※ベルリンの壁撤去開始。東欧諸国の社会主義体制次々に崩れる

1968.1	OAPEC（アラブ石油輸出国機構）設立
1968.7	イラクでバアス党政権成立
1968.8	※チェコで「プラハの春」
1969.2	アラファート、PLO議長に就任
1969.9	リビアでカッダーフィ大佐、王政打倒
1969.9	イスラーム諸国会議機構の設立が決定される
1970	この頃から米国の対イスラエル軍事援助が急増
1970.9	「黒い9月」事件（ヨルダン政府軍がパレスチナ人組織を弾圧）
1970.9	エジプト、ナーセル大統領死去
1970.10	サーダート大統領就任
1970.11	シリアでクーデター
1971.5	エジプト、対ソ友好協力条約
1971	アラブ首長国連邦、バハレーン、カタールがイギリスから独立
1972.2	※米中首脳会議
1972.4	イラク、対ソ友好条約
1972.7	パレスチナ人作家のカナファーニー暗殺
1972.9	ミュンヘン・オリンピックでイスラエル選手団襲撃事件
1973.7	アフガニスタンでクーデター、共和制に
1973.10	第4次中東戦争
1973.10	OAPECがイスラエル支援国に対する石油禁輸決定。第1次石油ショック
1974.7	キプロス紛争開始
1975.3	イラン・イラク間でアルジェ協定
1975.4	レバノン内戦勃発（～1990）
1975.4	※ベトナム戦争終結
1975.10	イスラーム開発銀行設立（イスラーム諸国会議機構の専門機関）
1977.7	パキスタンでクーデター、軍事政権成立
1977.8	ソマリア・エチオピア紛争

	ら独立
1946	シリア、レバノンがフランスから完全独立
1947.4	※モスクワ外相会議決裂（米ソ対立のはじまり）
1947.8	※インド・パキスタン分離独立
1947.11	国連パレスチナ分割決議
1948.5	イスラエル共和国建国宣言
1948.5	第1次中東戦争（～1949.2）
1948.7	米国・トルコ間で経済協力協定
1949.4	※NATO（北大西洋条約機構）調印
1950.6	※朝鮮戦争（～1953.7）
1951.5	イランが石油国有化
1951.9	※サンフランシスコ対日講和会議
1952.2	トルコ、NATOに加盟
1952.7	エジプトで軍による共和制革命
1953.8	イランでモサッデク政権転覆、シャー復活
1955.11	バグダード条約機構成立
1956.7	エジプト、スエズ運河国有化を宣言
1956.10	第2次中東戦争（～1957.3）
1957.1	※アイゼンハワー・ドクトリン発表
1958.2	エジプト、シリアの合邦により、アラブ連合共和国成立
1958.7	イラクで軍による共和制革命
1959	イラン・アメリカ相互協力協定締結
1960.9	OPEC（石油輸出国機構）設立
1961.6	クウェート独立
1962.7	アルジェリア独立
1962.9	イエメン内戦
1962.10	※キューバ危機
1963.3	シリアでバアス党政権成立
1964.11	ホメイニー、イランから国外追放
1965.2	※ベトナム戦争激化、米軍が北爆開始
1967.6	第3次中東戦争
1967.11	南イエメンに共産主義政権成立

1916.5	サイクス・ピコ条約
1916.6	メッカの太守フサイン、アラブの反乱を開始
1917.11	バルフォア宣言
1917.11	※ロシア革命
1919.1	※パリ講和会議
1920.1	※国際連盟発足
1920.3	ダマスカスでアラブ政府樹立（～1920.7）
1921.8	イラク、イギリスの委任統治下で建国
1922.2	イギリス、エジプトの保護権放棄を宣言。エジプトは名目的に独立
1922.11	トルコ革命。オスマン帝国滅亡
1922.12	※ソビエト社会主義共和国連邦成立
1923.10	トルコ共和国成立
1925.12	イラン、パフラヴィー朝成立（～1979）
1928.3	エジプトでムスリム同胞団結成
1929.8	エルサレムで嘆きの壁事件（パレスチナ人とユダヤ人の衝突事件）
1932.10	イラク王国、イギリスの委任統治下から独立
1936～39	パレスチナ全土で大暴動
1938	米石油会社、サウディアラビア（ダーラン）で石油発見
1939.9	※第2次世界大戦（～1945.5）
1941.12	※太平洋戦争（～1945.8）
1943.11	レバノン独立
1945.2	※ヤルタ会議
1945.2	ルーズベルト米大統領、サウディアラビアのアブドゥルアジーズ国王と会見
1945.3	アラブ諸国連盟成立
1945.7	※ポツダム会議
1945.10	※国際連合発足
1946.1	クルド民族、イラン北部にマハーバード共和国設立
1946.5	ヨルダン（トランスヨルダン）がイギリスか

●関連年表

※は中東以外の出来事

西　暦	事　　項
16世紀	オスマン帝国、ヨーロッパ、アラビア半島まで支配を拡大
1744	第1次ワッハーブ王国成立（〜1818）
1768	ロシアとオスマン帝国の間で、露土戦争（1787年、1806年、1828年、1853年、1877年にも衝突）
1776.7	※米国独立宣言
1798.7	ナポレオンのエジプト占領
19世紀初頭	英艦隊、カワーシム部族の本拠地を攻撃
1804	第1次イラン・ロシア戦争（〜1813、第2次は1826年）
1830.7	フランス、アルジェ占領
1838	第1次アフガニスタン戦争（〜1842、第2次は1878年、第3次は1919年）
19世紀後半	この頃、ジャマール・アッディーン・アフガーニー、イスラーム共同体防衛を謳い奔走
1869.11	スエズ運河開通
1881.9	エジプトで反英民族運動（オラービー革命）
1894	※ドレフュス事件
1897.8	第1回シオニスト会議
1899.1	クウェート、イギリスの保護領になる
1902.1	サウード家、リヤードを奪回。以後アラビア半島に勢力を広げる
1906.7	イランで立憲革命
1908.7	オスマン帝国で青年トルコ人革命
1908.10	イランで石油採掘開始
1914.7	※第1次世界大戦（〜1918.11）
1914.12	エジプト、イギリスの保護領化
1915.10	フサイン・マクマホン協定

写真クレジット

共同通信社	p.57, p.73, p.77
ロイター＝共同	p.25, p.108, p.113, p.114, p.155, p.171, p.187
UPI＝共同	p.177
UP=サン	p.50
高岡豊	p.221
AMR NABIL/AP/AFLO	p.209
Roll Press/Popperfoto/Getty Images	p.127

講談社現代新書　2053

〈中《ちゅう》東《とう》〉の考《かんが》え方《かた》

二〇一〇年五月二〇日第一刷発行　二〇一〇年六月三日第二刷発行

著者　酒井《さかい》啓子《けいこ》

発行者　鈴木　哲
発行所　株式会社講談社
東京都文京区音羽二丁目一二―二一　郵便番号一一二―八〇〇一
電話　出版部　〇三―五三九五―三五二一
販売部　〇三―五三九五―五八一七
業務部　〇三―五三九五―三六一五
装幀者　中島英樹
印刷所　大日本印刷株式会社
製本所　株式会社大進堂
定価はカバーに表示してあります　Printed in Japan

N.D.C.227　246p　18cm
ISBN978-4-06-288053-4

「講談社現代新書」の刊行にあたって

教養は万人が身をもって養い創造すべきものであって、一部の専門家の占有物として、ただ一方的に人々の手もとに配布され伝達されうるものではありません。

しかし、不幸にしてわが国の現状では、教養の重要な養いとなるべき書物は、ほとんど講壇からの天下りや単なる解説に終始し、知識技術を真剣に希求する青少年・学生・一般民衆の根本的な疑問や興味は、けっして十分に答えられ、解きほぐされ、手引きされることがありません。万人の内奥から発した真正の教養への芽ばえが、こうして放置され、むなしく滅びさる運命にゆだねられているのです。

このことは、中・高校だけで教育をおわる人々の成長をはばんでいるだけでなく、大学に進んだり、インテリと目されたりする人々の精神力の健康さえもむしばみ、わが国の文化の実質をまことに脆弱なものにしています。単なる博識以上の根強い思索力・判断力、および確かな技術にささえられた教養を必要とする日本の将来にとって、これは真剣に憂慮されなければならない事態であるといわなければなりません。

わたしたちの「講談社現代新書」は、この事態の克服を意図して計画されたものです。これによってわたしたちは、講壇からの天下りでもなく、単なる解説書でもない、もっぱら万人の魂に生ずる初発的かつ根本的な問題をとらえ、掘り起こし、手引きし、しかも最新の知識への展望を万人に確立させる書物を、新しく世の中に送り出したいと念願しています。

わたしたちは、創業以来民衆を対象とする啓蒙の仕事に専心してきた講談社にとって、これこそもっともふさわしい課題であり、伝統ある出版社としての義務でもあると考えているのです。

一九六四年四月　野間省一

哲学・思想Ⅰ

66 哲学のすすめ――岩崎武雄
159 弁証法はどういう科学か 三浦つとむ
501 ニーチェとの対話――西尾幹二
871 言葉と無意識――丸山圭三郎
898 はじめての構造主義――橋爪大三郎
916 哲学入門一歩前――廣松渉
921 現代思想を読む事典 今村仁司 編
977 哲学の歴史――新田義弘
989 ミシェル・フーコー――内田隆三
1001 今こそマルクスを読み返す――廣松渉
1286 哲学の謎――野矢茂樹
1293 「時間」を哲学する――中島義道
1301 〈子ども〉のための哲学 永井均
1315 じぶん・この不思議な存在――鷲田清一
1325 デカルト＝哲学のすすめ――小泉義之
1357 新しいヘーゲル――長谷川宏
1383 カントの人間学――中島義道
1401 これがニーチェだ――永井均
1420 無限論の教室――野矢茂樹
1466 ゲーデルの哲学――高橋昌一郎
1504 ドゥルーズの哲学――小泉義之
1575 動物化するポストモダン――東浩紀
1582 ロボットの心――柴田正良
1600 ハイデガー＝存在神秘の哲学――古東哲明
1635 これが現象学だ――谷徹
1638 時間は実在するか 入不二基義
1675 ウィトゲンシュタインはこう考えた――鬼界彰夫
1745 私・今・そして神――永井均
1783 スピノザの世界――上野修
1788 カーニヴァル化する社会――鈴木謙介
1821 「責任」ってなに？――大庭健
1839 読む哲学事典――田島正樹
1883 ゲーム的リアリズムの誕生――東浩紀
1948 理性の限界――高橋昌一郎
1957 リアルのゆくえ――大塚英志 東浩紀
1996 今こそアーレントを読み直す――仲正昌樹
2004 はじめての言語ゲーム――橋爪大三郎

哲学・思想Ⅱ

13 論語――貝塚茂樹
285 正しく考えるために 岩崎武雄
324 美について――今道友信
445 いかに生きるか――森有正
846 老荘を読む――蜂屋邦夫
1007 日本の風景・西欧の景観――オギュスタン・ベルク 篠田勝英 訳
1123 はじめてのインド哲学 立川武蔵
1150 「欲望」と資本主義――佐伯啓思
1163 「孫子」を読む――浅野裕一
1247 メタファー思考――瀬戸賢一
1248 20世紀言語学入門――加賀野井秀一
1278 ラカンの精神分析――新宮一成
1358 「教養」とは何か――阿部謹也
1436 古事記と日本書紀 神野志隆光
1439 〈意識〉とは何だろうか――下條信輔
1458 シュタイナー入門――西平直
1542 自由はどこまで可能か 森村進
1544 倫理という力――前田英樹
1554 丸山眞男をどう読むか 長谷川宏
1560 神道の逆襲――菅野覚明
1629 「タオ=道」の思想 林田愼之助
1741 武士道の逆襲――菅野覚明
1749 自由とは何か――佐伯啓思
1763 ソシュールと言語学――町田健
1819 歴史認識を乗り越える 小倉紀蔵
1849 系統樹思考の世界――三中信宏
1867 現代建築に関する16章――五十嵐太郎
1875 日本を甦らせる政治思想――菊池理夫
2009 ニッポンの思想――佐々木敦
2014 分類思考の世界――三中信宏

宗教

27 禅のすすめ——佐藤幸治

135 日蓮——久保田正文

217 道元入門——秋月龍珉

330 須弥山と極楽——定方晟

606 「般若心経」を読む——紀野一義

657 「法華経」を読む——紀野一義

667 生命《いのち》あるすべてのものに　マザー・テレサ

698 神と仏——山折哲雄

997 空と無我——定方晟

1210 イスラームとは何か——小杉泰

1222 キリスト教文化の常識——石黒マリーローズ

1254 日本仏教の思想——立川武蔵

1469 ヒンドゥー教　クシティ・モーハン・セーン　中川正生 訳

1609 一神教の誕生——加藤隆

1722 聖徳太子の仏法——佐藤正英

1755 仏教発見！——西山厚

1879 これがほんまの四国遍路——大野正義

1908 世界の宗教を読む事典——ポール・オリバー　森英明 訳

1988 入門 哲学としての仏教　竹村牧男

政治・社会

1038 立志・苦学・出世――竹内洋
1145 冤罪はこうして作られる　小田中聰樹
1201 情報操作のトリック　川上和久
1338 〈非婚〉のすすめ――森永卓郎
1365 犯罪学入門――鮎川潤
1410 「在日」としてのコリアン――原尻英樹
1488 日本の公安警察――青木理
1540 戦争を記憶する――藤原帰一
1543 日本の軍事システム　江畑謙介
1567 〈子どもの虐待〉を考える――玉井邦夫
1662 〈地域人〉とまちづくり　中沢孝夫
1742 教育と国家――高橋哲哉
1767 武装解除――伊勢﨑賢治
1768 男と女の法律戦略――荘司雅彦
1774 アメリカ外交――村田晃嗣
1807 「戦争学」概論――黒野耐
1853 奪われる日本――関岡英之
1866 欲ばり過ぎるニッポンの教育――苅谷剛彦 増田ユリヤ
1903 裁判員制度の正体――西野喜一
1917 日本を降りる若者たち――下川裕治
1920 ニッポンの大学――小林哲夫
1944 ケータイ世界の子どもたち　藤川大祐
1965 創価学会の研究――玉野和志
1967 数字でみるニッポンの医療――読売新聞医療情報部
1969 若者のための政治マニュアル――山口二郎
1976 イギリス型〈豊かさ〉の真実――林信吾
1977 天皇陛下の全仕事――山本雅人
1978 思考停止社会――郷原信郎
1983 排除の空気に唾を吐け　雨宮処凛
1985 日米同盟の正体――孫崎享
1993 新しい「教育格差」　増田ユリヤ
1997 日本の雇用――大久保幸夫
2017 日本のルールは間違いだらけ――たくきよしみつ
2024 予習という病――高木幹夫 日能研
2026 厚労省と新型インフルエンザ――木村盛世
2028 「天下り」とは何か――中野雅至

経済・ビジネス

1552 最強の経営学――島田隆
1596 失敗を生かす仕事術 畑村洋太郎
1624 企業を高めるブランド戦略――田中洋
1628 ヨーロッパ型資本主義 福島清彦
1641 ゼロからわかる経済の基本――野口旭
1642 会社を変える戦略――山本真司
1647 最強のファイナンス理論――真壁昭夫
1656 コーチングの技術――菅原裕子
1695 世界を制した中小企業 黒崎誠
1764 年金をとりもどす法 社会保険庁有志
1780 はじめての金融工学 真壁昭夫
1782 道路の経済学――松下文洋
1834 スラスラ書ける！ビジネス文書――清水義範
1836 北朝鮮に潜入せよ――青木理
1877 会社コンプライアンス――伊藤真
1902 海外経営の鉄則――山崎克雄
1906 労働CSR入門――吾郷眞一
1913 あなたの会社の評判を守る法――久新大四郎
1926 不機嫌な職場――高橋克徳 河合太介 永田稔 渡部幹
1992 経済成長という病――平川克美
2010 日本銀行は信用できるか 岩田規久男
2016 職場は感情で変わる 高橋克徳

世界史Ⅰ

834 ユダヤ人――上田和夫
934 大英帝国――長島伸一
959 東インド会社――浅田實
968 ローマはなぜ滅んだか 弓削達
1017 ハプスブルク家――江村洋
1019 動物裁判――池上俊一
1076 デパートを発明した夫婦 鹿島茂
1080 ユダヤ人とドイツ――大澤武男
1088 ヨーロッパ「近代」の終焉――山本雅男
1097 オスマン帝国――鈴木董
1125 魔女と聖女――池上俊一
1151 ハプスブルク家の女たち 江村洋
1249 ヒトラーとユダヤ人 大澤武男
1252 ロスチャイルド家 横山三四郎
1282 戦うハプスブルク家 菊池良生
1306 モンゴル帝国の興亡〈上〉――杉山正明
1307 モンゴル帝国の興亡〈下〉――杉山正明
1314 ブルゴーニュ家――堀越孝一
1321 聖書vs.世界史――岡崎勝世
1366 新書アフリカ史――宮本正興 松田素二 編
1389 ローマ五賢帝――南川高志
1442 メディチ家――森田義之
1486 エリザベスⅠ世――青木道彦
1557 イタリア・ルネサンス――澤井繁男
1572 ユダヤ人とローマ帝国 大澤武男
1587 傭兵の二千年史――菊池良生
1588 現代アラブの社会思想 池内恵
1664 新書ヨーロッパ史 中世篇 堀越孝一 編
1673 神聖ローマ帝国――菊池良生
1687 世界史とヨーロッパ 岡崎勝世
1705 魔女とカルトのドイツ史――浜本隆志
1712 宗教改革の真実――永田諒一
1715 ハプスブルク家の宮殿 小宮正安
1832 「イスラムvs.西欧」の近代 加藤博
1932 都市計画の世界史――日端康雄
2005 カペー朝――佐藤賢一

世界史Ⅱ

930 フリーメイソン――吉村正和
971 文化大革命――矢吹晋
1057 客家――高木桂蔵
1085 アラブとイスラエル 高橋和夫
1099 「民族」で読むアメリカ 野村達朗
1231 キング牧師とマルコムX 上坂昇
1283 イギリス王室物語――小林章夫
1337 ジャンヌ・ダルク――竹下節子
1470 中世シチリア王国――高山博
1480 海の世界史――中丸明
1592 地名で読むヨーロッパ 梅田修
1725 アメリカ大統領の嘘 石澤靖治
1746 中国の大盗賊・完全版――高島俊男
1761 中国文明の歴史――岡田英弘
1769 まんが パレスチナ問題 山井教雄
1937 ユダヤ人最後の楽園 大澤武男
1945 空の戦争史――田中利幸
1966 〈満洲〉の歴史――小林英夫
2018 古代中国の虚像と実像 落合淳思
2025 まんが 現代史――山井教雄